Bunka 文化 日本語
WORKBOOK 1

Completed by **Bunka Institute of Language**

머리말

『All new 개정판 文化日本語 WORK BOOK❶』(이하 WORK BOOK)은 『All new 개정판 文化日本語❶❷』(이하 교재)에서 학습한 문형을 정리하여 정착을 도모하기 위한 문제집입니다. 교재에서 학습한 모든 문형에 대응한 문제가 각과의 문형 순으로 제시되어 있습니다. 수업 중에 문형이 이해가 되었는지 아닌지를 확인하기 위해 사용하는 것으로, 수업 후에 학습자가 집에서 학습하는 것도 가능합니다. 문형 번호는 文型 2 와 같이 표시했습니다.

이 WORK BOOK에서는 각과의 문제 외에도 「의문사」, 「조사」, 「문형」을 복습하는 페이지 復習 를 마련했습니다. 복습 페이지에서는 예문을 정리해서 제시하여 문제를 만들었습니다. 교재의 학습이 끝난 단계에서 이 복습 페이지를 사용하는 것으로 학습내용을 정리하고, 문법을 정확하게 이해할 수 있습니다.

한자는 교재에 준하는 상용한자를 사용하고 후리가나를 달았지만 히라가나가 사용되는 것이 많은 어구는 히라가나로 표기했습니다. 또한, 정답에는 한자를 사용하여 후리가나를 달았지만 비한자권의 학습자가 이 WORK BOOK을 사용할 때에는 적당히 히라가나로 기입하도록 지도해 주세요.

이 WORK BOOK이 많은 학습자 여러분의 학습에 도움이 되기를 바랍니다.

2013년 8월

国頭 美紀
白岩 麻奈
八田 浩野
平川 奈津子
広田 周子

목차

生活の言葉 (せいかつ ことば) ……………………………………………5

第 1 課 ……………………………………………………………9
第 2 課 ……………………………………………………………15
第 3 課 ……………………………………………………………21
第 4 課 ……………………………………………………………27
第 5 課 ……………………………………………………………32
第 6 課 ……………………………………………………………37
第 7 課 ……………………………………………………………43
復習 의문사① 生活の言葉(せいかつ ことば)~第7課(だい か) ……50
第 8 課 ……………………………………………………………54
第 9 課 ……………………………………………………………60
第 10 課 …………………………………………………………67
復習 조사① 第1課~第10課(だい か だい か) ……………70
第 11 課 …………………………………………………………74
第 12 課 …………………………………………………………79
第 13 課 …………………………………………………………83
第 14 課 …………………………………………………………88
第 15 課 …………………………………………………………93
第 16 課 …………………………………………………………100
第 17 課 …………………………………………………………107
第 18 課 …………………………………………………………112
復習 의문사② 第8課~第18課(だい か だい か) …………117
復習 조사② 第11課~第18課(だい か だい か) ……………122
復習 문형 第1課~第18課(だい か だい か) ………………125
정답 ………………………………………………………………145

生活の言葉

I 正しいものに○をつけなさい。

例) a. ハンバーガー
   b. ヘンベッガー
   c. ハンバーガ

1. a. うろん
   b. うどん
   c. うどうん

2. a. てしょうく
   b. ていしょく
   c. てえしょく

3. a. こうちゃ
   b. こちゃあ
   c. こっちゃ

4. a. そば
   b. そうば
   c. そおば

5. a. ぎゅうにゆう
   b. ぎゅーにゅー
   c. ぎゅうにゅう

6. a. サントイチ
   b. サッドイッチ
   c. サンドイッチ

7. a. コーヒ
   b. コオヒー
   c. コーヒー

8. a. アイスクリム
   b. アーイスクーリム
   c. アイスクリーム

9. a. サラダ
   b. サーラダ
   c. サダーダ

10. a. コーラ
    b. コオラア
    c. コーダー

Ⅱ 例のように書きなさい。

例) ごじ

1. よじよんじゅうごふん

2. はちじはん

3. いちじごじゅうごふん

4. くじじっぷん

5. じゅういちじ

生活の言葉

Ⅲ 正しいものに○をつけなさい。

例) 1月　a. いっ / b.(○) いち / c. い 　がつ

1. 2月　a. に / b. にい / c. にっ 　がつ

2. 3月　a. きん / b. さっ / c. さん 　がつ

3. 4月　a. し / b. よん / c. よ 　がつ

4. 5月　a. ごう / b. ご / c. こ 　がつ

5. 6月　a. ろっ / b. むい / c. ろく 　がつ

6. 7月　a. な / b. しち / c. ちし 　がつ

7. 8月　a. はち / b. はっ / c. ほち 　がつ

8. 9月　a. く / b. きゅう / c. くう 　がつ

9. 10月　a. じっ / b. じゅ / c. じゅう 　がつ

10. 11月　a. じゅういち / b. じゅいち / c. じっいじ 　がつ

11. 12月　a. じゅっに / b. じゅうに / c. じゅうに 　がつ

IV 正しいものに○をつけなさい。

例)
- a. にじ
- b. にち ○
- c. こち
}ようび

1.
- a. げっ
- b. けつ
- c. げつ
}ようび

2.
- a. が
- b. か
- c. かい
}ようび

3.
- a. すい
- b. す
- c. すう
}ようび

4.
- a. まく
- b. もぐ
- c. もく
}ようび

5.
- a. きん
- b. ぎん
- c. さん
}ようび

6.
- a. どう
- b. とう
- c. ど
}ようび

第1課

Ⅰ-文型 1 　絵を見て例のように書きなさい。

ワンさん

学生

例) ____ワンさん____ は ____学生____ です。

ハンバーガー

３００円

1. ＿＿＿＿＿＿＿は＿＿＿＿＿＿です。

佐藤さん

会社員

2. ＿＿＿＿＿＿＿は＿＿＿＿＿＿＿です。

Ⅱ - 文型 2 絵を見て例のように書きなさい。

例1） A：山田さんは学生ですか。
　　　B：___はい___、学生です。

例2） A：山田さんは先生ですか。
　　　B：___いいえ___、学生です。

1. A：アルンさんは会社員ですか。

　　B：_____、学生です。

2. A：ハンバーガーは３００円ですか。

　　B：_____、３００円です。

３００円

3. A：昼ごはんはラーメンですか。

　　B：_____、そうです。

Ⅲ － 文型 3　例のように＿＿＿にひらがなを1つ書きなさい。

例) ワンさん＿は＿学生です。

1. 田中さん＿＿＿大学＿＿＿先生です。

2. 今日＿＿＿晩ごはん＿＿＿カレーです。

3. 日本語＿＿＿教科書＿＿＿3,000円です。

Ⅳ- 文型 4　絵を見て例のように書きなさい。

例1）昼休みは____12時____からです。

例2）昼休みは____1時____までです。

1. デパートは_____からです。

１０：００〜７：００

2. 郵便局は_____までです。

９：００〜５：００

3. 銀行は_____から_____までです。

９：００〜３：００

Ⅴ-文型 5　例のように□の中から言葉を選んで、書きなさい。

| いつまで　　何曜日　　いつ　　いつから |

例) A：休みは＿＿いつ＿＿ですか。
　　B：土曜日と日曜日です。

1. A：テストは＿＿＿＿＿＿＿＿＿＿ですか。
　　B：5月10日です。

2. A：今日は＿＿＿＿＿＿＿＿＿＿ですか。
　　B：火曜日です。

3. A：夏休みは＿＿＿＿＿＿＿＿＿＿ですか。
　　B：8月1日からです。

　　A：＿＿＿＿＿＿＿＿＿＿ですか。
　　B：8月31日までです。

Ⅵ-文型6 例のように＿＿にひらがなを１つ書きなさい。

例）ワンさん　は　学生です。

1. 今日＿＿昼ごはん＿＿ハンバーガー＿＿サラダです。

2. 休み＿＿土曜日＿＿日曜日です。

第2課

Ⅰ-動詞 例のように □ の中から言葉を選んで、書きなさい。

見ます	行きます	読みます	寝ます
食べます	書きます	起きます	聞きます
来ます	帰ります	飲みます	仕事をします

例）　見ます　　　　1. ＿＿＿＿＿＿　　2. ＿＿＿＿＿＿

3. ＿＿＿＿＿＿　　4. ＿＿＿＿＿＿　　5. ＿＿＿＿＿＿

6. ＿＿＿＿＿＿　　7. ＿＿＿＿＿＿　　8. ＿＿＿＿＿＿

Ⅱ－ 文型 1・3・4・5　例のように＿＿にひらがなを1つ書きなさい。

例) テレビ＿を＿見ます。

1. 7時＿＿＿起きます。

2. 朝、うち＿＿＿コーヒー＿＿＿飲みます。

3. 学校＿＿＿行きます。

4. 食堂＿＿＿ごはん＿＿＿食べます。

5. 図書館＿＿＿行きます。

6. 図書館＿＿＿本＿＿＿読みます。

7. 6時＿＿＿うち＿＿＿帰ります。

8. 音楽＿＿＿聞きます。

9. 11時＿＿＿寝ます。

第2課

Ⅲ－文型 1・3・4・5　例のように□の中から言葉を選んで、書きなさい。

|　何　　いつ　　どこ　　何時　|

例) A：＿＿何＿＿を飲みますか。
　　B：コーヒーを飲みます。

1. A：＿＿＿＿＿＿＿で勉強しますか。
　　B：図書館で勉強します。

2. A：＿＿＿＿＿＿＿にうちへ帰りますか。
　　B：１０時にうちへ帰ります。

3. A：＿＿＿＿＿＿＿へ行きますか。
　　B：銀行へ行きます。

4. A：＿＿＿＿＿＿＿を食べますか。
　　B：サンドイッチを食べます。

5. A：＿＿＿＿＿＿＿本を読みますか。
　　B：夜、読みます。

Ⅳ - 文型 1・3・4・5　例のように質問に答えなさい。

例）何時に起きますか。
　　　<u>7時に起きます。</u>

1．何時に学校へ来ますか。
　　_____

2．どこで昼ごはんを食べますか。
　　_____

3．何時ごろうちへ帰りますか。
　　_____

4．夜、何をしますか。
　　_____

5．何時ごろ寝ますか。
　　_____

Ⅴ-文型2 例のように書きなさい。

例) A：たばこを吸いますか。
　　B：いいえ、＿吸いません。＿

1. A：お酒を飲みますか。

　　B：いいえ、＿＿＿＿＿＿＿＿＿＿＿＿

2. A：テレビを見ますか。

　　B：いいえ、＿＿＿＿＿＿＿＿＿＿＿＿

3. A：音楽を聞きますか。

　　B：いいえ、＿＿＿＿＿＿＿＿＿＿＿＿

4. A：テニスをしますか。

　　B：いいえ、＿＿＿＿＿＿＿＿＿＿＿＿

VI - 文型 6　例のように書きなさい。

例1）A：昨日の夜、テレビを見ましたか。
　　　B：はい、　見ました。

例2）A：昨日の夜、テレビを見ましたか。
　　　B：いいえ、　見ませんでした。

1．A：昼ごはんを食べましたか。

　　B：はい、_____

2．A：昨日、図書館へ行きましたか。

　　B：いいえ、_____

3．A：昨日の夜、本を読みましたか。

　　B：はい、_____

4．A：昨日の夜、お酒を飲みましたか。

　　B：いいえ、_____

5．A：日曜日にサッカーをしましたか。

　　B：はい、_____

第3課

I - 物の名前 絵を見て例のようにひらがなで書きなさい。

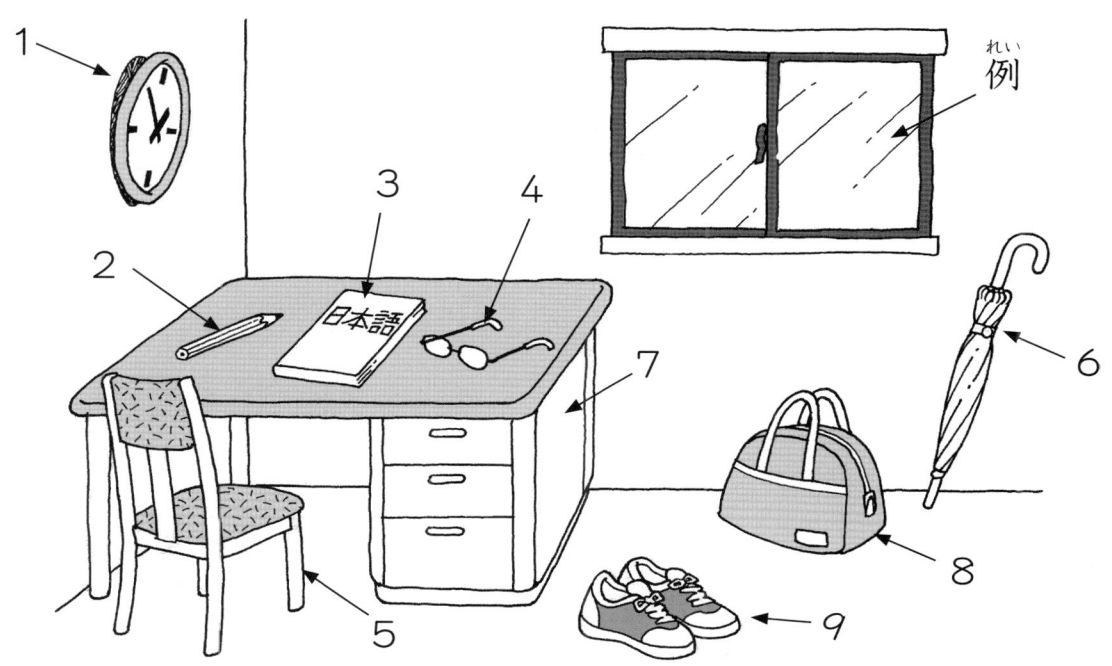

例) | ま | ど | | | | | |
1. | | | | | | | |
2. | | | | | | | |
3. | き | ょ | | | | | |
4. | | | | | | | |
5. | | | | | | | |
6. | | | | | | | |
7. | | | | | | | |
8. | | | | | | | |
9. | | | | | | | |

II - 物の名前　絵を見て例のようにカタカナで書きなさい。

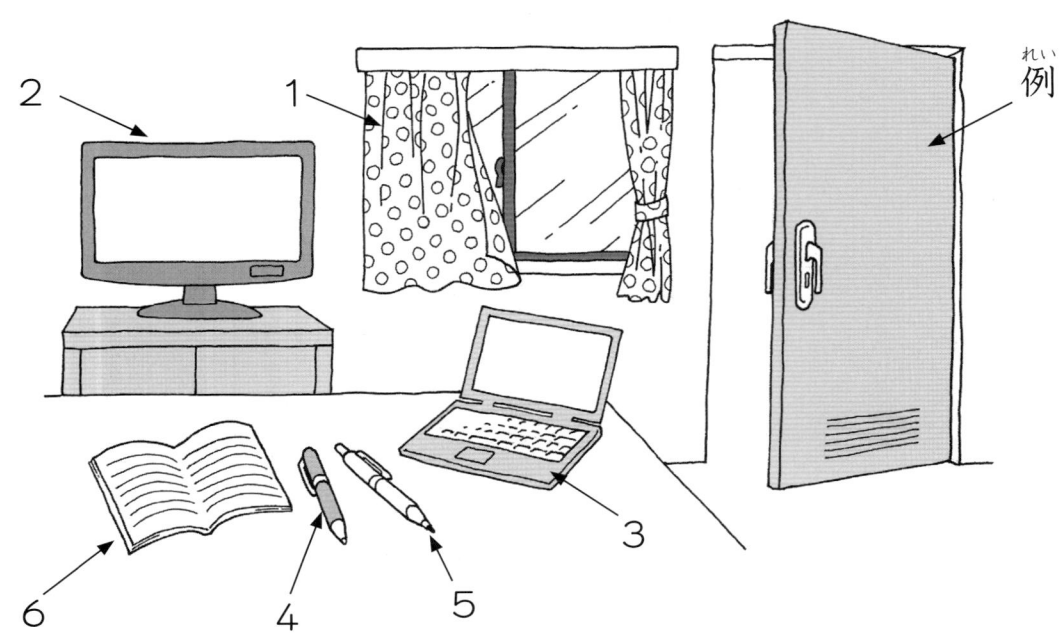

例) ドア
1.
2.
3.
4. ボ
5. シャ
6.

第3課

Ⅲ - 文型 1 絵を見て例のように書きなさい。

例1） A：ボールペンですか。
　　　　B：＿＿はい＿＿、＿＿ボールペンです。＿＿

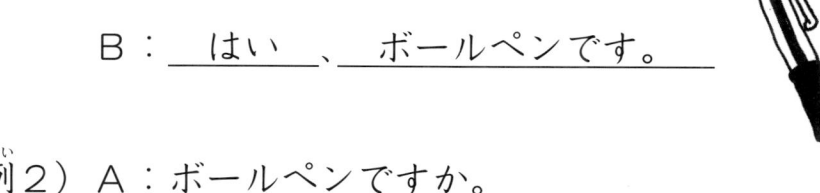

例2） A：ボールペンですか。
　　　　B：＿＿いいえ＿＿、＿＿ボールペンじゃありません＿＿。
　　　　　　シャーペンです。

1. A：犬ですか。

　　B：＿＿＿＿＿＿、

　　＿＿＿＿＿＿＿＿＿＿＿＿＿＿＿＿＿＿

2. A：犬ですか。

　　B：＿＿＿＿＿＿、

　　＿＿＿＿＿＿＿＿＿＿＿＿＿＿＿＿＿＿。
猫です。

3. A：ラーメンですか。

   B：＿＿＿＿＿＿、

   ＿＿＿＿＿＿＿＿＿＿＿＿＿＿＿

4. A：ラーメンですか。

   B：＿＿＿＿＿＿、

   ＿＿＿＿＿＿＿＿＿＿＿＿＿＿＿。

   うどんです。

Ⅳ－ 文型 2　絵を見て例のように書きなさい。

先生

田中さん

例) A：誰の靴ですか。
　　B：　先生のです。　　　

1. A：誰の傘ですか。

　　B：_____

2. A：誰のめがねですか。

　　B：_____

3.

　　A：_____

　　B：田中さんのです。

Ⅴ- 文型 3・4 絵を見て例のように書きなさい。

1.

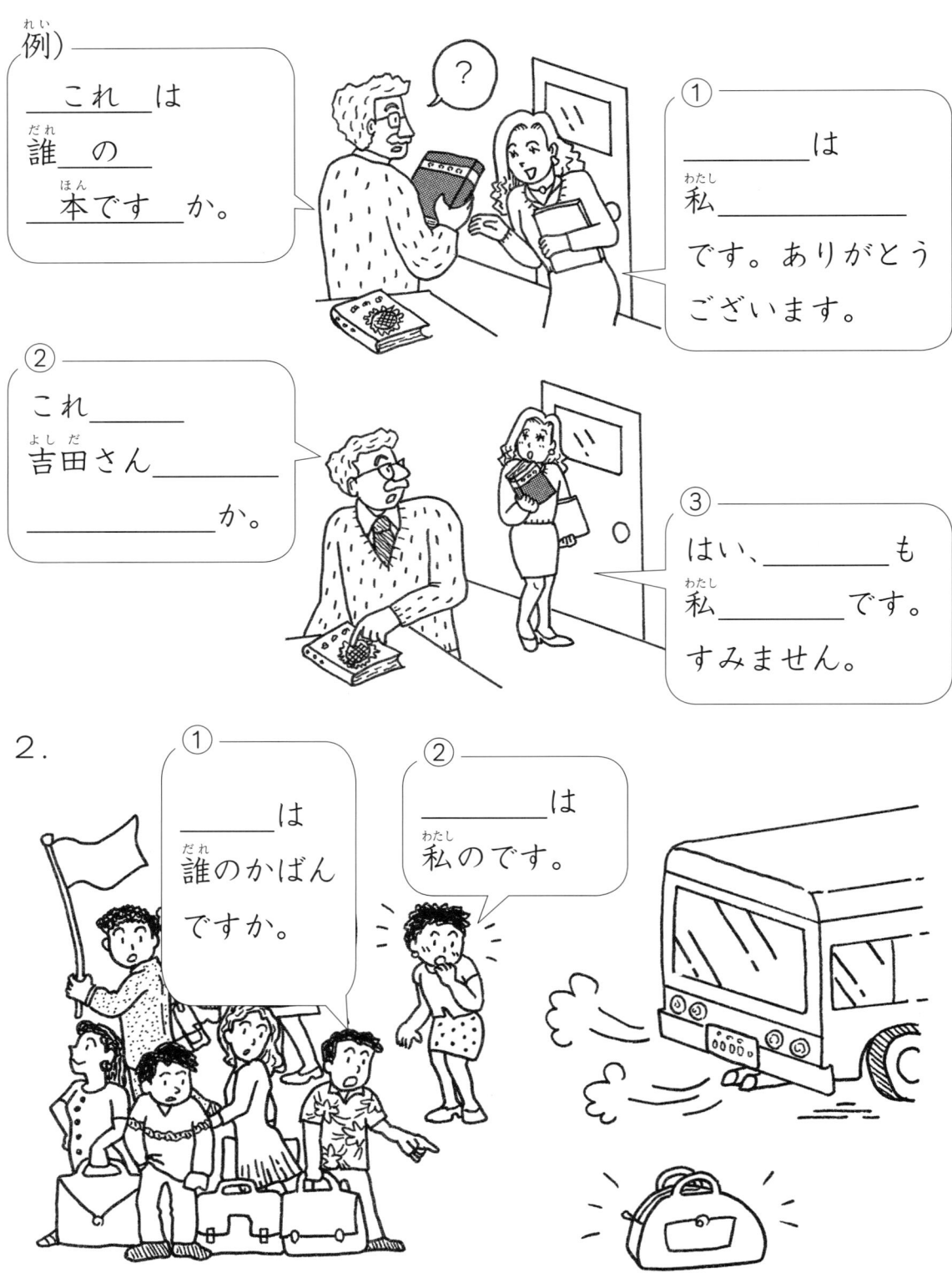

例) ＿これ＿は ＿誰＿の ＿本です＿か。

① ＿＿＿は 私＿＿＿です。ありがとうございます。

② これ＿＿＿ 吉田さん＿＿＿ ＿＿＿か。

③ はい、＿＿＿も 私＿＿＿です。すみません。

2.

① ＿＿＿は 誰のかばんですか。

② ＿＿＿は 私のです。

第4課

I - 文型 1　正しいものに○をつけなさい。

1. a. 広い部屋です。
   b. 広いな部屋です。
   c. 広いの部屋です。

2. a. 大きいな犬です。
   b. 大きいの犬です。
   c. 大きい犬です。

3. a. 新しいの本です。
   b. 新しい本です。
   c. 新しいな本です。

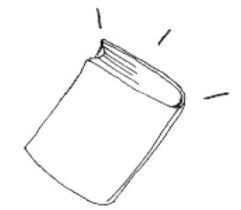

4. a. 静かい部屋です。
   b. 静かな部屋です。
   c. 静か部屋です。

5. a. きれい花です。
   b. きれいな花です。
   c. きれいの花です。

Ⅱ-　文型　2・3　絵を見て例のように書きなさい。

例1) A：狭いですか。
　　　B：　いいえ、狭くありません。　

例2) A：広いですか。
　　　B：　はい、広いです。　

1. A：広いですか。

　　B：＿＿＿＿＿＿＿＿＿＿＿＿＿＿＿＿＿＿

2. A：古いですか。

　　B：＿＿＿＿＿＿＿＿＿＿＿＿＿＿＿＿＿＿

3. A：きれいですか。

　　B：＿＿＿＿＿＿＿＿＿＿＿＿＿＿＿＿＿＿

4. A：暗いですか。

　　B：＿＿＿＿＿＿＿＿＿＿＿＿＿＿＿＿＿＿

5. A：短いですか。

　　B：＿＿＿＿＿＿＿＿＿＿＿＿＿＿＿＿＿＿

第4課

Ⅲ - 文型 4　絵を見て例のように書きなさい。

例)
A：｛ⓐ. この / b. その / c. あの｝ __大きい__ 猫は誰のですか。
　　（大きい）
B：私のです。

1. A：｛a. この / b. その / c. あの｝ _____ 傘は誰のですか。
　　（きれい）
B：良子さんのです。

2. A：｛a. この / b. その / c. あの｝ _____ 傘は誰のですか。
　　（白い）
B：私のです。

Ⅳ - 文型 5　例のように □ の中から言葉を選んで、書きなさい。

どこ　　どれ　　誰

例) A：これは＿誰＿の本ですか。
　　B：私のです。

1. A：キムさんの教科書は＿＿＿＿＿ですか。
   B：これです。

2. A：＿＿＿＿＿で勉強しますか。
   B：うちでします。

3. A：あの赤いかばんは＿＿＿＿＿のですか。
   B：ワンさんのです。

Ⅴ-文型6 正(ただ)しいものに○をつけなさい。

1. マリー：チンさんのかばんはどれですか。

　　チン：この ┌ a．黒(くろ)いです。
　　　　　　　├ b．黒(くろ)です。
　　　　　　　└ c．黒(くろ)いのです。

2. ワン：キムさんの靴(くつ)はどれですか。

　　キム：あの ┌ a．大(おお)きいです。
　　　　　　　├ b．大(おお)きいの靴(くつ)です。
　　　　　　　└ c．大(おお)きいのです。

第5課

Ⅰ-文型1 絵を見て例のように □ の中から言葉を選んで、＿＿＿＿に書きなさい。
＿＿＿＿に「います」か「あります」を書きなさい。

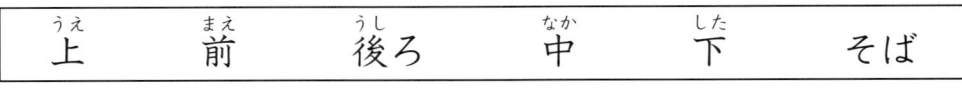
上　前　後ろ　中　下　そば

例) テーブルの__上__にケーキとコーヒーが__あります。__

1. いすの＿＿＿＿にめがねが＿＿＿＿＿

2. 箱の＿＿＿＿に猫が＿＿＿＿＿

3. テレビの＿＿＿＿に靴が＿＿＿＿＿

4. テレビの＿＿＿＿＿に時計が＿＿＿＿＿＿

5. 冷蔵庫の＿＿＿＿＿に幸子さんが＿＿＿＿＿＿

Ⅱ－ 文型 1 （　　）に名前を書きなさい。

幸子：私（幸子）の隣に一郎さんがいます。
　　　私の後ろに吉田さんがいます。
　　　吉田さんの隣に佐藤さんと原さんがいます。
　　　佐藤さんの右にテーブルがあります。
　　　原さんの隣にリンさんがいます。

Ⅲ-文型 1・2　絵を見て例のように＿＿にひらがなを1つ書きなさい。

例) 私＿は＿ワンです。

1. ドア＿＿前＿＿

   犬＿＿猫＿＿います。

2. 学校＿＿そば＿＿公園＿＿

   図書館など＿＿あります。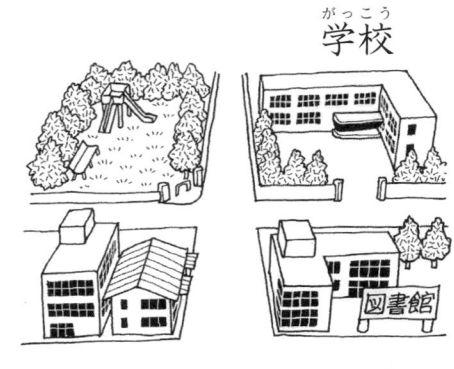

3. 車＿＿後ろ＿＿男の子＿＿います。

   車＿＿前＿＿犬＿＿います。

IV - 文型 3・4 例のように □ の中から言葉を選んで、書きなさい。

何　　どこ　　います　　あります

例) A：机の上に＿何＿が＿あります＿か。
　　B：電話が＿あります。＿

1. A：テレビの下に＿＿＿＿＿が＿＿＿＿＿＿＿か。
　　B：時計が＿＿＿＿＿＿＿

2. A：箱の中に＿＿＿＿＿が＿＿＿＿＿＿＿か。
　　B：猫が＿＿＿＿＿＿＿

3. A：コーヒーとケーキは＿＿＿＿＿に＿＿＿＿＿＿＿か。
　　B：テーブルの上です。

4. A：ジュースは＿＿＿＿＿に＿＿＿＿＿＿＿か。
　　B：冷蔵庫の中です。

5. A：幸子さんは＿＿＿＿＿に＿＿＿＿＿＿＿か。
　　B：ドアの前です。

Ⅴ－ 文型 4 地図を見て例のように書きなさい。

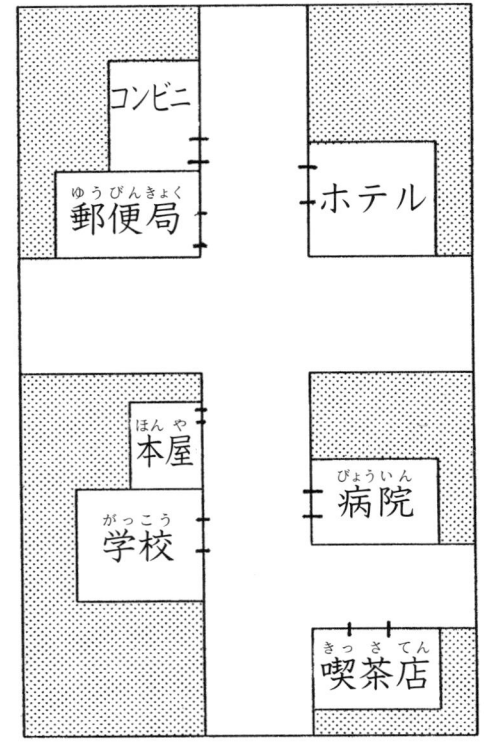

例1) A：病院はどこにありますか。
　　　B：学校の前にあります。

例2) A：学校はどこにありますか。
　　　B：病院の前にあります。

1. A：ホテルはどこにありますか。

　　B：_____

2. A：コンビニはどこにありますか。

　　B：_____

3. A：_____

　　B：学校の隣にあります。

第6課

Ⅰ-文型1 例のように質問に答えなさい。

例） A：よくお酒を飲みますか。

B：__いいえ__、 { a. よく / b. あまり / ⓒ. ぜんぜん } __飲みません。__

1. A：よくスポーツをしますか。

   B：_____、 { a. よく / b. あまり / c. ぜんぜん } _____

2. A：よく本を読みますか。

   B：_____、 { a. よく / b. あまり / c. ぜんぜん } _____

3. A：よく手紙を書きますか。

   B：_____、 { a. よく / b. あまり / c. ぜんぜん } _____

Ⅱ - 文型 2 正しいものに○をつけなさい。

私は朝、コーヒー { a.の　b.を　c.か } ミルクを飲みます。

昼、学校の食堂でラーメン { a.が　b.を　c.か } そば { a.が　b.を　c.か } 食べます。

Ⅲ - 文型 3 例のように書きなさい。

例) 山田：田中さんは犬が好きですか。
　　田中：はい、好きです。

1. 山田：田中さんはおすしが好きですか。

　　田中：はい、＿＿＿＿＿＿＿＿＿＿＿＿＿＿＿＿＿＿＿

2. 山田：田中さんは猫が好きですか。

　　田中：いいえ、あまり＿＿＿＿＿＿＿＿＿＿＿＿＿＿＿

Ⅳ－文型4　例のように□の中から言葉を選んで、書きなさい。

| どこ　いつ　何時　どんな　何 |

例) A：＿どこ＿で勉強しますか。
　　B：図書館でします。

1. A：図書館で＿＿＿＿＿をしますか。
　　B：新聞を読みます。

2. A：＿＿＿＿＿音楽を聞きますか。
　　B：ロックを聞きます。

3. A：＿＿＿＿＿に起きますか。
　　B：7時に起きます。

4. A：誕生日は＿＿＿＿＿ですか。
　　B：6月23日です。

Ⅴ-文型 5 例のように書きなさい。

例) A：朝、ミルクを飲みますか。
　　B：いいえ、ミルク　は　　飲みません　。
　　　　水を　飲みます。

1. A：ホラー映画が好きですか。
　　B：いいえ、ホラー映画_____　_____。
　　　　コメディーが_____

2. A：朝、テレビを見ますか。
　　B：いいえ、朝_____　_____。
　　　　夜、_____

3. A：よく渋谷へ行きますか。
　　B：いいえ、渋谷_____　____　_____。
　　　　新宿へ_____

4. A：3時にうちへ帰りますか。
　　B：いいえ、3時_____　____　_____。
　　　　5時ごろ_____

5. A：食堂で昼ごはんを食べますか。

   B：いいえ、食堂＿＿＿＿＿ ＿＿＿＿＿ ＿＿＿＿＿＿＿＿＿＿＿＿＿＿＿。

   　　教室で＿＿＿＿＿＿＿＿＿＿＿＿＿＿＿＿＿

VI - 文型 6　表を完成させなさい。

～ます	～ません	グループ	辞書形
吸います	吸いません	1	吸う
行きます		1	
	ありません		ある
帰ります		1	
		2	寝る
起きます		2	
	食べません		食べる
	しません	3	
来ます		3	

Ⅶ - 文型 7　絵を見て例のように書きなさい。

例) A：何をするのが好きですか。
　　B：絵　をかくのが好きです。

1. A：何をするのが好きですか。

　　B：絵＿＿＿＿＿＿＿＿＿＿＿＿＿＿＿＿

2. A：何をするのが好きですか。

　　B：音楽＿＿＿＿＿＿＿＿＿＿＿＿＿＿＿＿

3. A：何をするのが好きですか。

　　B：テニス＿＿＿＿＿＿＿＿＿＿＿＿＿＿

第7課

Ⅰ-文型1 例のように□の中から言葉を選んで、適当な形にして書きなさい。

| 見ます | します | 買います | 飲みます |
| 行きます | 帰ります | 聞きます | |

例1）先週、渋谷で映画を＿見ました。＿

例2）来週、友達とテニスを＿します。＿

1. ゆうべ、音楽を＿＿＿＿＿＿＿＿＿＿＿＿＿＿＿＿＿＿＿＿＿＿

2. 明日、友達のうちへ＿＿＿＿＿＿＿＿＿＿＿＿＿＿＿＿＿＿＿＿

3. 来週、国へ＿＿＿＿＿＿＿＿＿＿＿＿＿＿＿＿＿＿＿＿＿＿＿＿

4. 昨日、Ｔシャツを＿＿＿＿＿＿＿＿＿＿＿＿＿＿＿＿＿＿＿＿＿

5. 今朝、コーヒーを＿＿＿＿＿＿＿＿＿＿＿＿＿＿＿＿＿＿＿＿＿

Ⅱ-文型 1　例のように書きなさい。

例1）A：昨日、テレビを見ましたか。
　　　B：はい、　見ました。　

例2）A：昨日、テレビを見ましたか。
　　　B：いいえ、　見ませんでした。　

1．A：今日、テニスをしますか。

　　B：はい、＿＿＿＿＿＿＿＿＿＿＿＿＿＿＿＿＿

2．A：ゆうべ、勉強をしましたか。

　　B：はい、＿＿＿＿＿＿＿＿＿＿＿＿＿＿＿＿＿

3．A：今朝、紅茶を飲みましたか。

　　B：いいえ、＿＿＿＿＿＿＿＿＿＿＿＿＿＿＿＿

4．A：今晩、本を読みますか。

　　B：はい、＿＿＿＿＿＿＿＿＿＿＿＿＿＿＿＿＿

5．A：来年、国へ帰りますか。

　　B：いいえ、＿＿＿＿＿＿＿＿＿＿＿＿＿＿＿＿

6．A：先週、そうじをしましたか。

　　B：いいえ、＿＿＿＿＿＿＿＿＿＿＿＿＿＿＿＿

Ⅲ－ 文型 2・3　正しいものに○をつけなさい。

1. 私は昨日、9時に起きました。朝、うちでコーヒーを飲みました。

   { a．でも、
     b．それから、} 図書館へ行きました。

2. 日曜日にレストランで昼ごはんを食べました。

   { a．でも、
     b．それから、} 本屋へ行きました。日本語の本を買いました。

   { a．でも、
     b．それから、} 本を電車の中に忘れました。

Ⅳ-文型4 例のように書きなさい。

例) A：田中さんの猫はどんな猫ですか。
　　B：＿黒くて大きい＿猫です。
　　　　（黒い・大きい）

1. A：ワンさんの部屋はどんな部屋ですか。

　　B：＿＿＿＿＿＿＿＿＿＿＿部屋です。
　　　　（広い・明るい）

2. A：チンさんのかばんはどんなかばんですか。

　　B：＿＿＿＿＿＿＿＿＿＿＿かばんです。
　　　　（赤い・小さい）

3. A：駅のそばの喫茶店はどんな喫茶店ですか。

　　B：＿＿＿＿＿＿＿＿＿＿＿喫茶店です。
　　　　（静か・きれい）

4. A：学校の図書館はどんな図書館ですか。

　　B：＿＿＿＿＿＿＿＿＿＿＿図書館です。
　　　　（新しい・きれい）

5. A：どんなスカートを買いましたか。

　　B：＿＿＿＿＿＿＿＿＿＿＿スカートを買いました。
　　　　（白い・長い）

Ⅴ－ 文型 4 絵を見て例のように書きなさい。

例) ＿＿白くて丸いかばんです。＿＿

1. ＿＿＿＿＿＿＿＿＿＿＿＿＿＿＿＿＿＿＿＿＿＿

2. ＿＿＿＿＿＿＿＿＿＿＿＿＿＿＿＿＿＿＿＿＿＿

3. ＿＿＿＿＿＿＿＿＿＿＿＿＿＿＿＿＿＿＿＿＿＿

Ⅵ- 文型 5　正しいものに○をつけなさい。

1. A：朝、何を飲みますか。

　　B：コーヒー ｛ a．だけ　b．か　c．も ｝ 紅茶を飲みます。

2. ラフル：今朝、何を食べましたか。

　　ワン：パン ｛ a．だけ　b．と　c．か ｝ サラダを食べました。

　　　　ラフルさんは？

　　ラフル：コーヒー ｛ a．だけ　b．と　c．の ｝ です。

Ⅶ- 文型 6　正しいものに○をつけなさい。

1. 私は先週、友達に本を ｛ a．借りました。　b．貸しました。　c．返しました。 ｝

　　明日、その本を ｛ a．借ります。　b．貸します。　c．返します。 ｝

2. 昨日、田中さんに私の傘を
a. 借りました。
b. 貸しました。
c. 返しました。

Ⅷ - 文型 6 例のように正しい順番に並べかえなさい。

例) 上／本／あります／机／の／に／が
→ 机の上に本があります。

1. ワンさん／ラフルさん／貸します／消しゴム／は／に／を

→ _____

_____

2. キムさん／リーさん／借ります／シャーペン／は／に／を

→ _____

_____

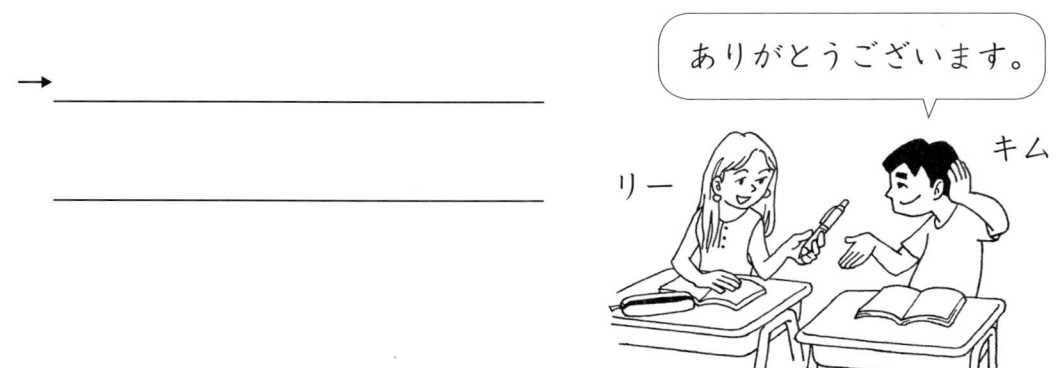

의문사① 生活の言葉〜第7課

何(なに)

1. A：何を飲みますか。　（第2課文型1）
   B：コーヒーを飲みます。
2. A：テーブルの上に何がありますか。　（第5課文型3）
   B：コーヒーがあります。
3. A：箱の中に何がいますか。　（第5課文型3）
   B：猫がいます。

何(なん)

1. A：何ですか。　（第3課練習a）
   B：教科書です。

何〜(なん)

1. A：今、何時ですか。　（生活の言葉4）
   B：4時です。
2. A：授業は何時からですか。　（第1課文型4）
   B：9時からです。
   A：何時までですか。
   B：3時までです。
3. A：何時に起きますか。　（第2課文型5）
   B：7時半に起きます。
4. A：何月ですか。　（生活の言葉4）
   B：10月です。
5. A：何日ですか。　（生活の言葉4）
   B：8日です。
6. A：テストは何曜日ですか。　（生活の言葉4）
   B：月曜日です。

いくら	1. A：ハンバーガーはいくらですか。　（生活の言葉3） B：２００円です。

いつ	1. A：休みはいつですか。　（第1課文型5） B：土曜日です。 2. A：いつ新聞を読みますか。　（第2課文型5） B：朝、読みます。

誰	1. A：誰の教科書ですか。　（第3課文型2） B：私のです。 2. A：リーさんの隣に誰がいますか。　（第5課文型3） B：マリーさんがいます。

どこ	1. A：どこへ行きますか。　（第2課文型3） B：学校へ行きます。 2. A：どこで勉強をしますか。　（第2課文型4） B：学校で勉強をします。 3. A：お手洗いはどこにありますか。　（第5課文型4） B：あそこです。

どれ	1. A：チンさんのかばんはどれですか。　（第4課文型5） B：その黒いのです。

どんな	1. A：どんな映画が好きですか。　（第6課文型4） B：私はコメディーが好きです。 2. A：どんな財布ですか。　（第7課文型4） B：黒くて小さい財布です。

問題1 ☐の中から言葉を選んで書きなさい。

| 何を　何が　誰が　誰の　どれ |

1. A：＿＿＿＿＿＿飲みますか。
   B：コーヒーを飲みます。

2. A：この大きいかばんは＿＿＿＿＿＿ですか。
   B：それはチンさんのです。

3. A：教室に＿＿＿＿＿＿いますか。
   B：マリーさんがいます。

4. A：ワンさんの靴は＿＿＿＿＿＿ですか。
   B：その白いのです。

5. A：車の後ろに＿＿＿＿＿＿いますか。
   B：犬がいます。

問題2 ☐の中から言葉を選んで書きなさい。

いつ　どこに　どこへ　何　どんな

1. A：病院は＿＿＿＿＿＿ありますか。
   B：駅の前にあります。

2. ワン：それは＿＿＿＿＿＿ですか。
   田中：これは納豆です。

3. A：誕生日は＿＿＿＿＿＿ですか。
   B：9月10日です。

4. A：＿＿＿＿＿＿行きますか。
   B：銀行へ行きます。

5. A：スポーツをしますか。

   B：はい、よくします。

   A：＿＿＿＿＿＿スポーツをしますか。

   B：サッカーをします。

第8課

Ⅰ－文型 1 絵を見て例のように書きなさい。

例1) ＿8時間＿ 寝ました。

1. ＿＿＿＿＿＿＿学校で勉強しました。

2. ＿＿＿＿＿＿＿テニスをしました。

3. ＿＿＿＿＿＿＿テレビを見ました。

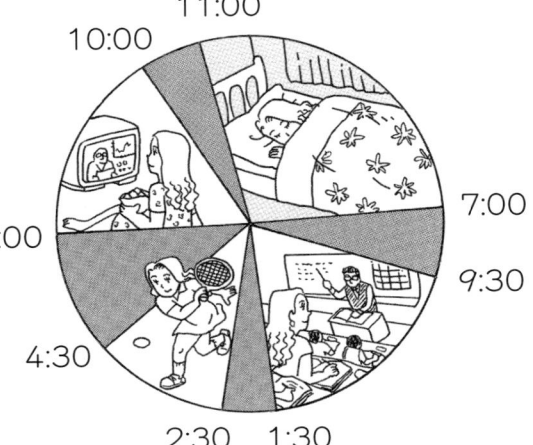

例2) ＿1週間＿ ハワイにいました。

4. ＿＿＿＿＿＿＿＿＿＿＿日本にいました。

5. ＿＿＿＿＿＿＿＿＿＿＿日本語を勉強しました。

第8課

Ⅱ-文型 1 例のように□の中から言葉を選んで、書きなさい。

いつ　誰　どこ　何　どのぐらい

例) A：__いつ__日本に来ましたか。
　　B：去年の10月です。

1. A：_____日本語を勉強しましたか。
　　B：半年ぐらいです。

2. A：教室の前に_____がいますか。
　　B：ワンさんがいます。

3. A：いつも_____で昼ごはんを食べますか。
　　B：学校の食堂で食べます。

4. A：かばんの中に_____がありますか。
　　B：財布や携帯などがあります。

Ⅲ － 文型 2~4 例のように □ の中から言葉を選んで、適当な形にして書きなさい。

| きれいです | 明るいです | 古いです | いいです |
| 楽しいです | 大変です | 上手です | 休みです |

例1) A：山の上公園はどうでしたか。

　　　B：とても　きれいでした。

例2) A：新しい部屋はどうですか。

　　　B：　明るいです。

1. A：旅行はどうでしたか。

　　B：＿＿＿＿＿＿＿＿＿＿＿＿＿＿＿＿＿

　 A：天気はどうでしたか。

　　B：＿＿＿＿＿＿＿＿＿＿＿＿＿＿＿＿＿

2. 山田：日本語の授業はどうですか。

　　チン：＿＿＿＿＿＿＿＿＿＿＿＿＿＿＿＿＿

　　山田：そうですか…。

　　チン：でも、学校は楽しいです。

3．A：昨日、学校へ行きましたか。

　　B：いいえ。昨日は＿＿＿＿＿＿＿＿＿＿＿＿＿＿＿＿＿＿＿＿＿

Ⅳ－ 文型 5　例のように□の中から言葉を選んで、適当な形にして書きなさい。

| 古いです　　安いです　　おいしいです　　新しいです |

例) 私の部屋は＿古いです＿が、広いです。

1．学校の食堂は＿＿＿＿＿＿＿＿＿＿＿＿＿が、あまりおいしくありません。

2．学生会館は＿＿＿＿＿＿＿＿＿＿＿＿＿が、駅から遠いです。

3．ホテルのレストランは＿＿＿＿＿＿＿＿＿＿＿＿＿が、高かったです。

Ⅴ - 文型 6 例のように正しい順番に並べかえなさい。

例) 上／本／あります／の／に／が
　　→ 机_の上に本があります。_

1. 飲みません／吸います／お酒／あまり／は／は／が

　　→たばこ_____

2. 書きません／します／手紙／ぜんぜん／は／は／が

　　→電話_____

Ⅵ - 文型 7 例のように□の中から言葉を2つ選んで、適当な形にして書きなさい。

| にぎやかです | 楽しいです | 遠いです | 広いです |
| 新鮮です | 不便です | おいしいです | きれいです |

例) 昨日のパーティーは__にぎやかで__ __楽しかったです。__

私は夏休みにハワイへ行きました。

ハワイのホテルは、空港から_____ _____。

でも、ホテルの部屋は_____ _____。

夜、ホテルのレストランで魚を食べました。

　魚は_____ _____

Ⅶ - 文型 8 例のように文を完成させなさい。

例) A：朝、何を食べますか。

　　B：〔パン　食べる〕。〔果物　食べる〕。

　　→　パンを食べます。果物も食べます。

1. A：いつもどこで勉強しますか。

　　B：〔学校　勉強する〕。〔うち　勉強する〕。

　　→ _____

2. A：昨日、買い物をしましたか。

　　B：はい。〔スーパー　パン　買う〕。〔アイスクリーム　買う〕。

　　→はい。 _____

　　_____

第9課

I - 文型 1 表を完成させなさい。

ます形	グループ	辞書形	て形
食べます	2	食べる	食べて
使います			
教えます			
話します			
行きます			
来ます			
泳ぎます			
帰ります			
読みます			
します			
呼びます			
聞きます			
借ります			

Ⅱ - 文型 2 絵を見て例のように書きなさい。

例) 教科書を　読んでください。

1. これを＿＿＿＿＿＿＿＿＿＿＿＿＿＿＿＿＿＿＿＿＿＿

2. ノートに漢字を＿＿＿＿＿＿＿＿＿＿＿＿＿＿＿＿＿＿

3. すみません、消しゴムを＿＿＿＿＿＿＿＿＿＿＿＿＿＿

III - 文型 3　下の文を読んで、例のように○か×をつけなさい。

< 図書館で >

例) たばこを吸ってはいけません。
・大きい声で話してはいけません。
・お菓子を食べてはいけません。
・飲み物を飲んではいけません。
・かばんをロッカーに入れてください。
・本を持って帰ってはいけません。

例) (×)　　1. (　　)　　2. (　　)

3. (　　)　　4. (　　)

Ⅳ － 文型 4　絵を見て例のように書きなさい。

例) A：　この本を借りてもいいですか。
　　B：ええ、いいですよ。

1. A：＿＿＿＿＿＿＿＿＿＿＿＿＿＿＿＿＿＿＿＿
　　B：すみません。たばこはちょっと…。

2. A：＿＿＿＿＿＿＿＿＿＿＿＿＿＿＿＿＿＿＿＿
　　B：ええ、いいですよ。

Ⅴ － 文型 5　絵を見て例のように書きなさい。

例)（コピー機・使う）
　　すみません、コピー機の使い方を
　　教えてください。

1.（この漢字・読む）

2.（この料理・作る）

Ⅵ-文型 6　絵を見て例のように書きなさい。

例) テレビを見て、晩ごはんを食べました。

1. ＿＿＿＿＿＿＿＿＿＿＿＿＿＿＿＿

2. ＿＿＿＿＿＿＿＿＿＿＿＿＿＿＿＿

3. ＿＿＿＿＿＿＿＿＿＿＿＿＿＿＿＿

4. ＿＿＿＿＿＿＿＿＿＿＿＿＿＿＿＿

Ⅶ - 文型 7 絵を見て例のように書きなさい。

例） A： 持ちましょうか。
　　 B：すみません。お願いします。

1. A：＿＿＿＿＿＿＿＿＿＿＿＿＿＿＿＿＿＿＿＿
　　 B：すみません。お願いします。

2. A：＿＿＿＿＿＿＿＿＿＿＿＿＿＿＿＿＿＿＿＿
　　 B：すみません。お願いします。

Ⅷ - 文型 8 正しいものに○をつけなさい。

1. 授業は9時10分からです。

　　9時10分 { a. まで / b. までに } 来てください。

2. 文化デパートは8時 { a. まで / b. までに } です。

3. この作文は金曜日 { a. まで / b. までに } 書いてください。

4. 先生：明日の授業は12時 { a. まで / b. までに } です。
　　　　午後は学校の図書館へ行きます。

Ⅸ - 文型 9　例のように□の中から言葉を選んで、書きなさい。

| 何か　　何も　　どこにも　　どこへも　　どこかへ |

例) A：朝、__何か__ 食べましたか。
　　B：いいえ、__何も__ 食べませんでした。

1. A：土曜日に_____行きましたか。
　　B：はい、デパートへ行きました。

2. A：デパートで_____買いましたか。
　　B：いいえ、_____買いませんでした。

3. A：良子さんはいましたか。
　　B：いいえ、_____いませんでした。

第10課

I - 文型 1 絵を見て例のように書きなさい。

例) 新宿からディズニーランドへ行く（1時間）

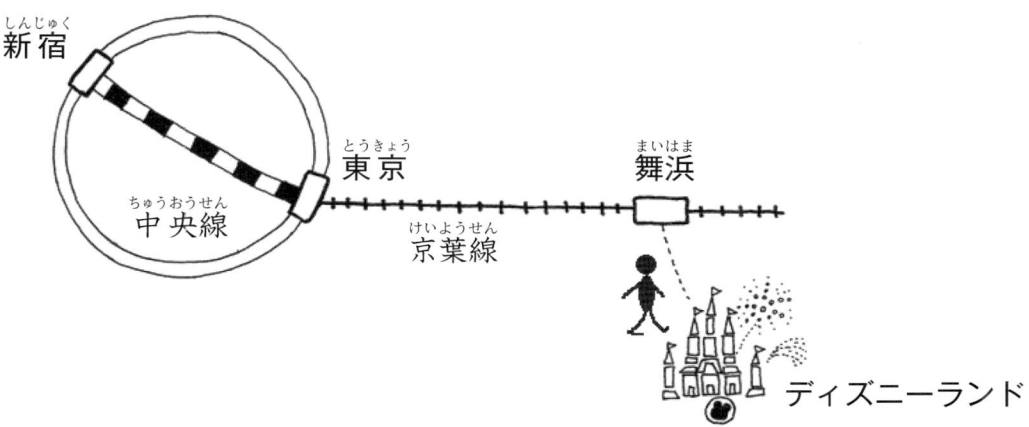

　新宿で中央線に乗って、東京で京葉線に乗り換えます。
　舞浜で電車を降りて、ディズニーランドまで歩いて行きます。
　新宿からディズニーランドまで1時間ぐらいかかります。

新宿から横浜の友達のうちへ行く（４５分）

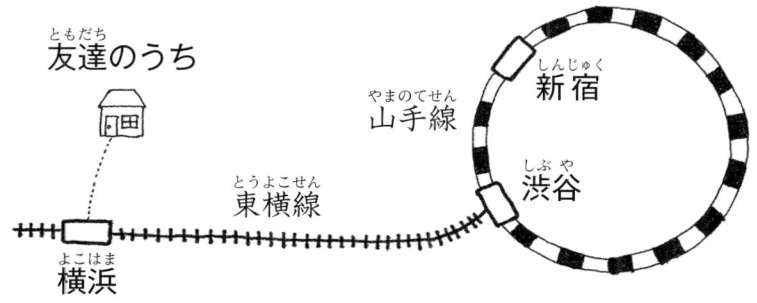

_____

_____

_____

Ⅱ-文型2 例のように□の中から言葉を選んで、適当な形にして書きなさい。

| 食べる　歌う　聞く　撮る　飲む　話す　読む　寝る |

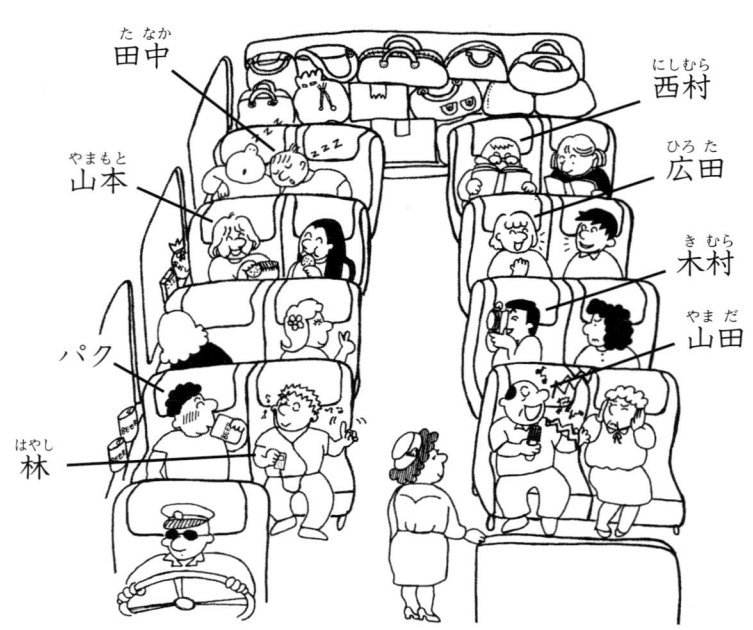

例) 山本さんはお菓子を　食べています。

1. パクさんはビールを_____

2. 田中さんは_____

3. 林さんは音楽を_____

4. 西村さんは本を_____

5. 広田さんは_____

6. 木村さんは写真を_____

7. 山田さんは歌を_____

第10課

Ⅲ－ 文型 3　絵を見て例のように書きなさい。

例) A：何をしていますか。

B：＿コーヒーを飲みながら＿
　　＿新聞を読んでいます。＿

1. A：何をしていますか。

　B：＿＿＿＿＿＿＿＿＿＿＿＿＿＿＿＿＿＿

　　　＿＿＿＿＿＿＿＿＿＿＿＿＿＿＿＿＿＿

2. A：何をしていますか。

　B：＿＿＿＿＿＿＿＿＿＿＿＿＿＿＿＿＿＿

　　　＿＿＿＿＿＿＿＿＿＿＿＿＿＿＿＿＿＿

3. A：何をしていますか。

　B：＿＿＿＿＿＿＿＿＿＿＿＿＿＿＿＿＿＿

　　　＿＿＿＿＿＿＿＿＿＿＿＿＿＿＿＿＿＿

조사① 第1課～第10課

は
1. 私はワン・シューミンです。（第1課文型1）
2. 映画館では見ません。（第6課文型5）
3. 昼は暑かったですが、夜は涼しかったです。（第8課文型6）

の
1. 音楽大学の学生です。（第1課文型3）
2. 私の教科書です。（第3課文型2）
3. それは私のです。（第3課文型2）
4. その黒いのです。（第4課文型6）

に
1. 7時半に起きます。（第2課文型5）
2. 箱の中に猫がいます。（第5課文型1）
3. チンさんに消しゴムを借ります。（第7課文型6）
4. ラフルさんに消しゴムを貸します。（第7課文型6）
5. 山手線に乗ります。（第10課文型1）

で
1. 学校で勉強します。（第2課文型4）
2. 地下鉄で学校へ来ます。（第10課文型1）

を
1. コーヒーを飲みます。（第2課文型1）
2. 電車を降ります。（第10課文型1）

が	1. 何<u>が</u>ありますか。　（第5課文型3）
	2. コメディー<u>が</u>好きです。　（第6課文型3）

と	1. 休みは土曜日<u>と</u>日曜日です。　（第1課文型6）

へ	1. 学校<u>へ</u>行きます。　（第2課文型3）

も	1. これは私のです。それ<u>も</u>私のです。　（第3課文型4）

や	1. スーパー<u>や</u>コンビニがあります。　（第5課文型2）

か	1. ビール<u>か</u>ワインを飲みます。　（第6課文型2）

から	まで

1. 銀行は9時<u>から</u>3時<u>まで</u>です。　（第1課文型4）
2. 東京<u>から</u>ハワイ<u>まで</u>何時間ぐらいですか。　（第8課文型1-3）

問題1　＿＿＿にひらがなを1つ書きなさい。

1. A：これはキムさん＿＿＿ノートですか。

　　B：はい、私＿＿＿です。

2. 今朝、7時半＿＿＿起きて、パン＿＿＿果物＿＿＿食べました。

3. チン：マリーさん＿＿＿傘はどれですか。

　　マリー：その赤い＿＿＿です。

4. A：学校のそば＿＿＿何＿＿＿ありますか。

　　B：公園＿＿＿図書館などがあります。

5. 私はコーヒーが好きです。紅茶＿＿＿好きです。

6. A：このバスは新宿へ行きますか。

　　B：いいえ、新宿＿＿＿ ＿＿＿行きません。池袋＿＿＿行きます。

7. ラフル：いいカメラですね。

　　ワン：ええ。友達＿＿＿借りました。

8. 田中：ラフルさんは日本料理＿＿＿好きですか。

　　ラフル：てんぷら＿＿＿好きですが、おすしやさしみ＿＿＿好きじゃありません。
　　田中：そうですか。

9. A：いつも電車＿＿＿学校＿＿＿来ますか。

　　B：いいえ。バス＿＿＿来ます。

10. 品川で新幹線＿＿＿乗ります。

11. 東都大学の前でバス＿＿＿降ります。

問題2　＿＿＿に「に」か「で」を書きなさい。

1. 先生：教室＿＿＿誰かいますか。

   ワン：はい、キムさんがいます。

2. A：すみません、銀行はどこ＿＿＿ありますか。

   B：駅の前＿＿＿ありますよ。

   A：そうですか。どうもありがとうございます。

3. A：昨日、何をしましたか。

   B：渋谷＿＿＿映画を見ました。

4. この部屋＿＿＿たばこを吸ってはいけません。

5. A：横浜までどうやって行きますか。

   B：新宿＿＿＿山手線に乗って、渋谷＿＿＿東横線に乗り換えます。

6. 私はいつも電車の中＿＿＿本を読みます。

7. （電話で）

   アルン：もしもし、ワンさん。今、どこですか。

   ワン：今、学校のそばの公園＿＿＿絵をかいています。

第11課

Ⅰ-文型1 例のように□の中から言葉を選んで、適当な形にして書きなさい。

| 勉強する　　結婚する　　経営する　　住む　　勤める |

例) 私は日本で日本語を__勉強して__います。

両親と兄はタイにいます。父は貿易会社を_____います。

母はデザイナーです。兄は銀行に_____います。

姉は_____て、アメリカに_____います。

Ⅱ - 文型 2　絵を見て例のように書きなさい。

例）　ごはんを食べてからコーヒーを飲みました。

ごはん　　　　コーヒー

1. _____

宿題　　　　テレビ

2. _____

銀行　　　　デパート

3. _____

電話　　友達のうち

Ⅲ - 文型 3　例のように書きなさい。

例）A：どこへ行きますか。

　　B：コンビニへ　ジュースを買いに行きます。
　　　　　　　　（ジュースを買う）

1．A：どこへ行きますか。

　　B：図書館へ_____
　　　　　　　　（本を返す）

2．A：渋谷へ何をしに行きますか。

　　B：_____
　　　　　　　　（映画を見る）

3．田中：日本へ何をしに来ましたか。

　　マリー：_____
　　　　　　　（ファッションの勉強をする）

IV - 文型 4・5 例のように書きなさい。

例)〔図書館　日本語　勉強　します〕。
→ 図書館で日本語の勉強をします。

1.〔昨日　公園　散歩　行きました〕。
→＿＿＿＿＿＿＿＿＿＿＿＿＿＿＿＿＿＿＿＿＿

2.〔友達　いっしょ　学校　来ました〕。
→＿＿＿＿＿＿＿＿＿＿＿＿＿＿＿＿＿＿＿＿＿

3.〔一人　渋谷　映画　見に行きました〕。
→＿＿＿＿＿＿＿＿＿＿＿＿＿＿＿＿＿＿＿＿＿

V - 文型 6 例のように □ の中から言葉を選んで、適当な形にして書きなさい。

飲む　　勉強をする　　なる　　食べる　　行く

例) 私はコーヒーを 飲みたいです。

1. 母の料理を＿＿＿＿＿＿＿＿＿＿＿＿＿＿＿

2. 来年、専門学校でコンピューターの＿＿＿＿＿＿＿＿＿＿

3. 私は将来、デザイナーに＿＿＿＿＿＿＿＿＿＿＿＿

4. 今日はとても暑いです。どこへも＿＿＿＿＿＿＿＿＿＿

Ⅵ- 文型 7 　例のように書きなさい。

例) A：もう宿題をしましたか。

　　B：はい、{ⓐ. もう / b. まだ} ＿＿しました。＿＿

1. A：もう昼ごはんを食べましたか。

　　B：はい、{a. もう / b. まだ} ＿＿＿＿＿＿＿＿＿＿＿＿

2. A：もう宿題を出しましたか。

　　B：いいえ、{a. もう / b. まだ} ＿＿＿＿＿＿＿＿＿＿＿＿

3. 山本：田中さんはもう来ましたか。

　　広田：いいえ、{a. もう / b. まだ} ＿＿＿＿＿＿＿＿＿＿＿＿

第12課

Ⅰ－文型1 例のように書きなさい。

例)〔食堂　牛丼　食べました〕。
→ 食堂で牛丼を食べました。

1. 学生：先生、ペンで書いてもいいですか。

   先生：いいえ。〔テスト　時は　えんぴつ　書いてください〕。

   →いいえ。＿＿＿＿＿＿＿＿＿＿＿＿＿＿＿＿＿＿＿＿＿＿＿＿＿＿＿＿

2. (料理学校で)

   生徒：先生、たまねぎを切りました。

   先生：では、次に〔フライパン　たまねぎ　牛肉　炒めます〕。

   →では、次に＿＿＿＿＿＿＿＿＿＿＿＿＿＿＿＿＿＿＿＿＿＿＿＿＿＿

Ⅱ－文型2 例のように□の中から言葉を選んで、適当な形にして書きなさい。言葉は1回だけ使いなさい。

薄い　　早い　　大きい　　きれい　　自由

例) たまねぎを__薄く__切ります。

1. 好きな飲み物を＿＿＿＿＿＿＿＿飲んでください。

2. 字が小さいです。＿＿＿＿＿＿＿＿書いてください。

3. 学生会館の台所は＿＿＿＿＿＿＿＿使ってください。

4. (学生会館で)

   チン：ラフルさん、8時半です！＿＿＿＿＿＿＿＿起きてください。

III - 文型 3　表を完成させなさい。

辞書形	グループ	肯定形 です・ます体	肯定形 基本体	否定形 です・ます体	否定形 基本体
行く	1	行きます	行く	行きません	行かない
		います			
				しません	
			切る		
					ない
来る					
				入れません	
		買います			
出る					

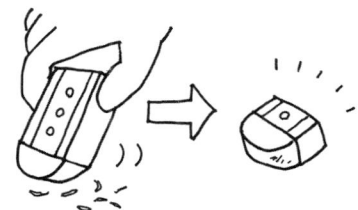

Ⅳ － 文型 4 絵を見て例のように書きなさい。

例) 消しゴムが <u>小さくなりました。</u>

1. 犬が＿＿＿＿＿＿＿＿＿＿＿＿＿＿＿＿

2. 部屋が＿＿＿＿＿＿＿＿＿＿＿＿＿＿＿＿

3. お弁当が＿＿＿＿＿＿＿＿＿＿＿＿＿＿＿＿

Ⅴ-文型 5 AとBから適当なものを選んで、例のように書きなさい。

― A ―
たまねぎを煮ます。
砂糖を入れます。
夏になります。
夜になります。

― B ―
柔らかい
暑い
静か
甘い

例） たまねぎを煮ると、柔らかくなります。

1. _____

2. _____

3. _____

第13課

Ⅰ-文型 1 絵を見て例のように書きなさい。

例) A：どの人が山本さんですか。
　　B：　田中さんと話している人です。　

1. A：どの人が木村さんですか。

　　B：_____

2. A：どの人が本田さんですか。

　　B：_____

3. A：どの人が山田さんですか。

　　B：_____

4. A：どの人が林さんですか。

　　B：_____

Ⅱ-文型2 表を完成させなさい。

肯定形		否定形	
です・ます体	基本体	です・ます体	基本体
楽しいです			楽しくない
広いです		広くありません	
	いい		
	大変だ		
きれいです			
会社員です			

Ⅲ-文型3 例のように文を完成させなさい。

例) 田中：夏休みに国へ帰りますか。

　　パク：いいえ。〔国　両親　来る〕から、〔帰らない〕。

　→いいえ。　国から両親が来るから、帰りません。

1. 山田：夏休みに国へ帰りますか。

　　キム：はい。〔母　料理　食べたい〕から、〔帰る〕。

　→はい。＿＿＿＿＿＿＿＿＿＿＿＿＿＿＿＿＿＿＿

2. A：日曜日にどこかへ行きますか。

　　B：いいえ。〔宿題　たくさんある〕から、〔どこ　行かない〕。

　→いいえ。＿＿＿＿＿＿＿＿＿＿＿＿＿＿＿＿＿＿

3. A：よくスポーツをしますか。

   B：はい。〔バスケットボール 好き〕から、〔よく 友達 する〕。

   →はい。_____

IV - 文型 4　例のように書きなさい。

例1) A：よく映画を見に行きますか。

   B：いいえ、あまり行きません。

   A：どうしてですか。

   B：__映画館が遠い__ からです。
   　　　（映画館が遠い）

例2) A：よく食堂へ行きますか。

   B：いいえ、あまり行きません。

   A：どうしてですか。

   B：あまり__おいしくない__ からです。
   　　　　　　（おいしい）

1. A：東京の生活はどうですか。

   B：大変です。

   A：どうしてですか。

   B：_____からです。
   　　　　　（物価が高い）

2. A：よく料理をしますか。

   B：いいえ、あまりしません。

   A：どうしてですか。

   B：＿＿＿＿＿＿＿＿＿＿からです。
   　　　　（好き）

3. 山田：よく日本語を使いますか。

   パク：いいえ、あまり使いません。

   山田：どうしてですか。

   パク：日本人の友達が＿＿＿＿＿＿＿＿＿からです。
   　　　　　　　　　　　（いる）

Ⅴ-文型 5　正しいものに○をつけなさい。

1. ｛ a．テスト時 / b．テストの時 / c．テストだ時 ｝は、話してはいけません。

2. 問題が ｛ a．あって時 / b．あるの時 / c．ある時 ｝は、先生に相談します。

3. ｛ a．暇な時 / b．暇だ時 / c．暇の時 ｝は、テレビを見ます。

Ⅵ - 文型 6 例のように書きなさい。

例1) A：東京のバスは便利だと思いますか。

B：{ はい、__便利だ__と思います。
    いいえ、あまり__便利じゃない__と思います。

例2) A：東京のバスを__どう__思いますか。

B：あまり便利じゃないと思います。

1．A：学校の食堂のラーメンはおいしいと思いますか。

　B：いいえ、あまり＿＿＿＿＿＿＿＿＿＿と思います。

2．A：学校の食堂を＿＿＿＿＿＿＿＿＿＿思いますか。

　B：安くておいしいから、いいと思います。

3．A：この学校の学生はよく勉強すると思いますか。

　B：はい、よく＿＿＿＿＿＿＿＿＿＿＿＿と思います。

4．A：学校の図書館を＿＿＿＿＿＿＿＿＿＿思いますか。

　B：本がたくさんあるから、いいと思います。

第14課

Ⅰ－ 文型 1 表を完成させなさい。

動詞

辞書形	グループ	基本体・過去（肯定形）	基本体・過去（否定形）
読む			
開ける			
		食べた	
	1		帰らなかった
行く			
来る			
		した	
			見なかった
閉める			
話す			

い形容詞・な形容詞・名詞

辞書形	基本体・現在	基本体・過去（肯定形）	基本体・過去（否定形）
楽しい			
			かわいくなかった
	静かだ		
暇			
		嫌いだった	
学生			

Ⅱ - 文型 1 ラフルさんの日記を基本体で書きなさい。

> 11月25日（水）
> 　今日、財布を落としました。
> 　朝、私は郵便局へ行って、切手を買いました。それから、うちへ帰りました。うちへ帰って、かばんの中を見ました。その時、財布がなかったので、交番へ行きました。
> 　おまわりさんは私にいろいろ聞きました。私は住所と電話番号と名前を書いて、うちへ帰りました。

11月25日（水）

今日、財布を落とした。

Ⅲ - 文型 2 AとBから適当なものを選んで、例のように書きなさい。

A
- 休憩時間が短かったです。
- 頭が痛かったです。
- 消しゴムを忘れました。
- 昨日は暇でした。
- 寒いです。

B
- 私はバスを降りませんでした。
- 窓を閉めてもいいですか。
- 病院へ行きました。
- 友達に借りました。
- うちでテレビを見ました。

例) 休憩時間が短かったので、私はバスを降りませんでした。

1. _____

2. _____

3. _____

4. _____

Ⅳ - 文型 3 絵を見て例のように書きなさい。

例1) このスニーカーは　歩きやすいです。

例2) このハンバーガーは　食べにくいです。

1. このナイフは小さいので、＿＿＿＿＿＿＿＿＿＿＿＿＿＿＿＿＿

2. 私の時計は数字が大きいので、＿＿＿＿＿＿＿＿＿＿＿＿＿＿＿

3. このえんぴつは短いので、＿＿＿＿＿＿＿＿＿＿＿＿＿＿＿＿

Ⅴ - 文型 4 絵を見て例のように書きなさい。

例) A：昨日、何をしましたか。
　　B： 本を読んだり、料理をしたりしました。

1. A：ハワイで何をしましたか。
　　B：＿＿＿＿＿＿＿＿＿＿＿＿＿＿＿＿＿＿
　　　　＿＿＿＿＿＿＿＿＿＿＿＿＿＿＿＿＿＿

2. A：下田で何をしましたか。
　　B：＿＿＿＿＿＿＿＿＿＿＿＿＿＿＿＿＿＿
　　　　＿＿＿＿＿＿＿＿＿＿＿＿＿＿＿＿＿＿

3. A：日曜日に何をしましたか。
　　B：＿＿＿＿＿＿＿＿＿＿＿＿＿＿＿＿＿＿
　　　　＿＿＿＿＿＿＿＿＿＿＿＿＿＿＿＿＿＿

第15課

I - 文型 1　絵を見て例のように書きなさい。

例) A：日本とイタリアとどちらのほうが
　　　　広いですか。
　　B：　日本のほうが広いです。　

イタリア　　日本

1．A：北海道と九州とどちらのほうが
　　　　広いですか。
　　B：＿＿＿＿＿＿＿＿＿＿＿＿＿＿＿＿＿＿＿

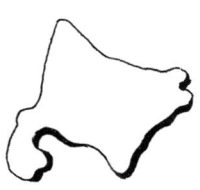
九州　　北海道

2．A：アルンさんとワンさんと
　　　　どちらのほうが背が高いですか。
　　B：＿＿＿＿＿＿＿＿＿＿＿＿＿＿＿＿＿＿＿

ワン　アルン

大阪　約890万人

3．A：東京と大阪とどちらのほうが
　　　　人口が多いですか。
　　B：＿＿＿＿＿＿＿＿＿＿＿＿＿＿＿＿＿＿＿

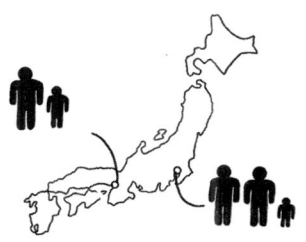
東京　約1,300万人

Ⅱ-文型 2・3 絵を見て例のように書きなさい。

例1) A：長井さんの部屋と林さんの部屋とどちらのほうが広いですか。

B：＿＿林さんの部屋＿＿のほうが＿ずっと＿広いです。

長井さんの部屋

林さんの部屋

例2) A：渋谷と新宿とどちらのほうがにぎやかですか。

B：＿＿どちらも同じぐらいだ＿＿と思いますよ。

渋谷

新宿

1. A：池袋の部屋と横浜の部屋とどちらのほうが家賃が高いですか。

B：＿＿＿＿＿＿＿＿＿＿のほうが＿＿＿＿＿＿＿＿＿高いです。

池袋の部屋（家賃4万円）

横浜の部屋（家賃12万円）

2. A：ワンさんと佐藤さんとどちらのほうが年上ですか。

   B：_____のほうが_____年上です。

ワンさん（１９歳）　　佐藤さん（２８歳）

3. A：ふじスーパーと文化スーパーとどちらのほうが大きいですか。
   B：そうですね。

   _____と思いますよ。

ふじスーパー　　文化スーパー

Ⅲ - 文型 4 絵を見て例のように書きなさい。

例) このアパートは駅から　遠すぎます。
　　　　　　　　　　　　(遠い)

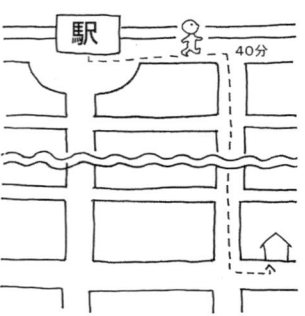

1. この靴は_____
　　　　　　　　　(大きい)

2. この本は_____
　　　　　　　　　(難しい)

第15課

IV - 文型 5 例のように □ の中から言葉を選んで、書きなさい。

どれ　　いつ　　誰　　どこ　　何

例) A：うどんとそばとラーメンの中で、__どれ__ がいちばん好きですか。

　　B：うどんがいちばん好きです。

1．A：果物の中で_____がいちばん好きですか。

　　B：いちごがいちばん好きです。

2．ラフル：チンさんの家族の中で_____がいちばん料理が上手ですか。

　　チン：父がいちばん上手です。

3．A：日本では一年の中で_____がいちばん暑いですか。

　　B：8月がいちばん暑いです。

4．A：中野と三鷹と池袋の中で、_____がいちばんにぎやかですか。

　　B：池袋がいちばんにぎやかです。

V - 文型 6・7　絵を見て例のように＿＿＿にひらがなを1つ書きなさい。

例) 私の部屋＿は＿ 窓＿が＿ 大きいです。

1. 冬休みに北海道へ行きました。

　　北海道＿＿＿＿山＿＿＿＿きれいでした。

2. 田中さんと山本さんは私の友達です。

　　田中さん＿＿＿＿山本さん＿＿＿＿　＿＿＿＿

　　背＿＿＿＿高いです。

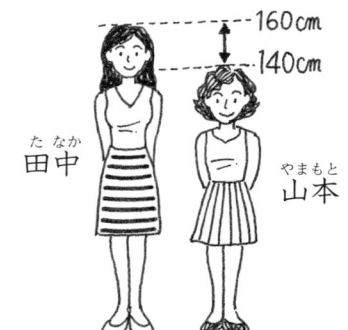

3. 健志君と伸ちゃんは兄弟です。

　　健志君＿＿＿＿伸ちゃん＿＿＿＿　＿＿＿＿

　　7歳年上です。

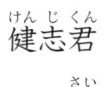

Ⅵ - 文型 8 例のように文を完成させなさい。

例)〔朝 パン 食べる〕。
　→　朝、パンを食べます。

1.〔キムさん このクラス 中 いちばん 背 高い〕。

　→ _____

2.〔東京 日本 都市 中 いちばん 人口 多い〕。

　→ _____

3.〔富士山 日本 いちばん 高い 山〕。

　→ _____

第16課

I - 文型 1 絵を見て例のように書きなさい。

例) A：＿＿頭が痛いんです＿＿か。
　　　（頭が痛いです）

　　B：ええ、＿＿とても痛いんです。＿＿
　　　　　　　（とても痛いです）

1. 田中：＿＿＿＿＿＿＿＿＿＿＿＿＿＿＿＿か。
　　　　　　　（国へ帰ります）

　　パク：いいえ。＿＿＿＿＿＿＿＿＿＿＿＿＿
　　　　　　　　　　（旅行に行きます）

2. A：＿＿＿＿＿＿＿＿＿＿＿＿＿＿＿＿か。
　　　　　（そうじをしました）

　　B：ええ。＿＿＿＿＿＿＿＿＿＿＿＿＿＿＿
　　　　　　　（午後、友達が来ます）

3. A：その魚、＿＿＿＿＿＿＿＿＿＿＿＿＿か。
　　　　　　　　（食べません）

　　B：ええ。＿＿＿＿＿＿＿＿＿＿＿＿＿＿＿
　　　　　　（あまりおいしくありません）

Ⅱ－ 文型 1　絵を見て例のように書きなさい。

例) A：どうしたんですか。
　　B：　頭が痛いんです。

1. A：どうしたんですか。
　　B：＿＿＿＿＿＿＿＿＿＿＿＿＿＿＿＿＿＿＿＿

2. A：どうしたんですか。
　　B：＿＿＿＿＿＿＿＿＿＿＿＿＿＿＿＿＿＿＿＿

3. A：どうしたんですか。
　　B：＿＿＿＿＿＿＿＿＿＿＿＿＿＿＿＿＿＿＿＿

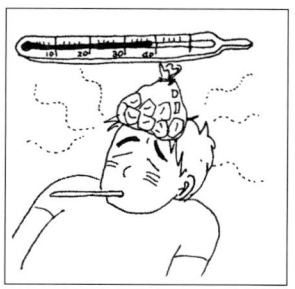

4. A：どうしたんですか。
　　B：＿＿＿＿＿＿＿＿＿＿＿＿＿＿＿＿＿＿＿＿

Ⅲ-文型2 正しいものに○をつけなさい。

1. A：チンさんは { a．もう / b．まだ } 図書館で勉強していますか。

   B：はい、{ a．もう / b．まだ } 勉強しています。

2. A：{ a．もう / b．まだ } 雨が降っていますか。

   B：いいえ、{ a．もう / b．まだ } 降っていません。

3. A：{ a．もう / b．まだ } かぜは治りましたか。

   B：はい。{ a．もう / b．まだ } 元気になりました。

4. A：どうしたんですか。
   B：昨日、やけどをしたんです。
   冷やしたんですが、{ a．もう / b．まだ } 痛いんです。

第16課

Ⅳ- 文型 3 例のように書きなさい。

例) A：今日はいい天気ですね。

B：ええ。でも、＿午後から雨が降る＿かもしれないから、

傘を持って来ました。

1. マリー：リーさん、今日、学校に来ませんでしたね。

　　ワン：そうですね。＿＿＿＿＿＿＿＿＿＿＿＿＿＿＿かもしれませんね。

　　　　　心配だから、後で電話します。

2. A：これは何ですか。

　　B：薬です。＿＿＿＿＿＿＿＿＿＿＿＿＿＿＿かもしれないから、持って行くんです。

Ⅴ－ 文型 4 絵を見て例のように書きなさい。

例) 冷たい物を　飲まないでください。

1. お酒を＿＿＿＿＿＿＿＿＿＿＿＿＿＿＿＿＿＿＿＿＿＿＿

2. お風呂に＿＿＿＿＿＿＿＿＿＿＿＿＿＿＿＿＿＿＿＿＿＿＿

3. 激しい運動を＿＿＿＿＿＿＿＿＿＿＿＿＿＿＿＿＿＿＿＿

Ⅵ－ 文型 5 正しいものに○をつけなさい。

1. 医師：治る [a. まで / b. までに] 毎日薬を飲んでください。

　　患者：はい。

2. 1時間目の授業が始まる { a. まで / b. までに } 学校へ来てください。

3. 友達のクラスの授業が終わる { a. まで / b. までに }
   私は教室の外にいました。

VII - 文型 6　例のように質問に答えなさい。

例) A：この前の旅行で、いちばん楽しかったことは何ですか。
　　B：＿温泉に入ったことです。＿

1. A：趣味は何ですか。

   B：＿＿＿＿＿＿＿＿＿＿＿＿＿＿＿ことです。

2. 田中：夏休みに国へ帰りますか。

   パク：はい。

   田中：国へ帰っていちばんしたいことは何ですか。

   パク：＿＿＿＿＿＿＿＿＿＿＿＿＿＿＿＿＿＿＿＿＿ことです。

3. A：高校生の時、いちばん楽しかったことは何ですか。

   B：＿＿＿＿＿＿＿＿＿＿＿＿＿＿＿＿＿＿ことです。

VIII - 文型 7 例のように正しい順番に並べかえなさい。

例) 上／本／机／あります／の／が／に

→ <u>机の上に本があります。</u>

1. ごはん／飲んで／食べた／ください／後／で／を

   →この薬は_____

2. お風呂／いつも／寝る／入ります／前／に／に

   →私は_____

第17課

Ⅰ - 文型 1 表を完成させなさい。

辞書形	グループ	可能形	辞書形	グループ	可能形
食べる	2	食べられる	来る		
覚える			選ぶ		
読む			借りる		
する			起きる		
働く			乗る		

Ⅱ - 文型 1 例のように書きなさい。

例）日本語を話す → 日本語が話せます。

1. ピアノを弾く →＿＿＿＿＿＿＿＿＿＿＿＿＿＿＿＿＿＿

2. 料理を作る →＿＿＿＿＿＿＿＿＿＿＿＿＿＿＿＿＿＿

3. 車の運転をする →＿＿＿＿＿＿＿＿＿＿＿＿＿＿＿＿

4. バイクに乗る →＿＿＿＿＿＿＿＿＿＿＿＿＿＿＿＿＿

5. クロールで1,000メートル泳ぐ

→＿＿＿＿＿＿＿＿＿＿＿＿＿＿＿＿＿＿＿＿＿＿＿

III - 文型 2 例のように正しい順番に並べかえなさい。

例) ケーキ／冷蔵庫／あります／中／の／が／に
→ 冷蔵庫の中にケーキがあります。

1. 話せる／少ない／中国語／日本人／です／は／が

→ _____

2. 日本／でした／去年／約／外国人／来た／６２０万人／は／へ

→ _____

3. 出していない／明日／宿題／まだ／人／ください／出して／までに／を／は

→ _____

IV - 文型 3 例のように質問に答えなさい。

例) A：スキーをしたことがありますか。
　　B：｛ はい、あります。
　　　　 いいえ、ありません。｝

1. A：北海道へ行ったことがありますか。

　　B：_____

2. A：馬に乗ったことがありますか。

　　B：＿＿＿＿＿＿＿＿＿＿＿＿＿＿＿＿

3. A：日本で車を運転したことがありますか。

　　B：＿＿＿＿＿＿＿＿＿＿＿＿＿＿＿＿

Ⅴ- 文型 4　例のように文を完成させなさい。

例) A：テストはどうでしたか。

　　B：〔難しい　する〕。

　　→　難しくてできませんでした。

1. A：昨日、サッカーの試合を見ましたか。

　　B：いいえ、〔忙しい　見る〕。

　　→いいえ、＿＿＿＿＿＿＿＿＿＿＿＿＿＿＿＿＿＿＿＿＿＿

2. A：ゆうべ、パーティーに行きましたか。

　　B：いいえ、〔宿題　たくさん　ある　行く〕。

　　→いいえ、＿＿＿＿＿＿＿＿＿＿＿＿＿＿＿＿＿＿＿＿＿＿

Ⅵ- 文型 5 例のように書きなさい。

例) A：よくカラオケに行きますか。

B：⎰ はい。　1週間に1回ぐらい行きます。
　　⎨　　　　（1週間・1回ぐらい）
　　⎩ いいえ。　1年に1回ぐらいです。
　　　　　　　（1年・1回ぐらい）

1. A：よくテニスをしますか。

   B：はい。＿＿＿＿＿＿＿＿＿＿＿＿＿＿＿＿＿＿＿＿＿＿＿＿＿＿＿
   　　　　　　　　　　（1週間・2回ぐらい）

2. A：よくコンサートに行きますか。

   B：いいえ。＿＿＿＿＿＿＿＿＿＿＿＿＿＿＿＿＿＿＿＿＿＿＿＿＿＿
   　　　　　　　　　　（半年・1回ぐらい）

3. A：1か月にどのぐらい本を読みますか。

   B：＿＿＿＿＿＿＿＿＿＿＿＿＿＿＿＿＿＿＿＿＿＿＿＿＿＿＿＿＿＿
   　　　　　　　　　　（1か月・2、3冊）

4. A：どのぐらい泳げますか。

   B：＿＿＿＿＿＿＿＿＿＿＿＿＿＿＿＿＿＿＿＿＿＿＿＿＿＿＿＿＿＿
   　　　　　　　　（クロールで・500メートルぐらい）

第17課

Ⅶ－ 文型 6　絵を見て例のように書きなさい。

例1)　休憩室でお茶を飲むことができます。

例2)　これに乗ることはできません。

1. 図書館で_____

2. 映画館で_____

3. 学生会館で_____

第18課

I - 文型 1・2 例のように書きなさい。

例)（新しい車を買った・ドライブに行く）

　武：良子さん、明日は暇ですか。

　良子：ええ。

　武：<u>新しい車を買ったんですが、ドライブに行きませんか。</u>

　良子：いいですね。

1. （映画のチケットが2枚ある・いっしょに見に行く）

　武：良子さん、今度の日曜日は暇ですか。

　良子：ええ。

　武：＿＿＿＿＿＿＿＿＿＿＿＿＿＿＿＿＿＿＿＿＿＿＿＿＿、

　　　＿＿＿＿＿＿＿＿＿＿＿＿＿＿＿＿＿＿＿＿＿＿＿＿＿。

　良子：いいですね。どんな映画ですか。

　武：コメディーです。

2. （渋谷においしいレストランがある・晩ごはんを食べに行く）

　良子：武さん、金曜日の夜は暇ですか。

　武：はい。

　良子：＿＿＿＿＿＿＿＿＿＿＿＿＿＿＿＿＿＿＿＿＿＿＿＿＿、

　　　　＿＿＿＿＿＿＿＿＿＿＿＿＿＿＿＿＿＿＿＿＿＿＿＿＿。

　武：いいですね。何料理ですか。

　良子：イタリア料理です。

第18課

Ⅱ - 文型 1・3 正しいものに○をつけなさい。

1. A：どの映画を ｛ a. 見ませんか。
　　　　　　　　　　b. 見ましょうか。

　　B：これはどうですか。

　　A：いいですね。

2. A：どこで写真を ｛ a. 撮りませんか。
　　　　　　　　　　b. 撮りましょうか。

　　B：あそこはどうですか。花がきれいですよ。

　　A：いいですね。そうしましょう。

3. 鈴木：田中さんは本を読むのが好きですか。

　　田中：はい、好きです。

　　鈴木：そうですか。じゃ、この本を ｛ a. 読みませんか。
　　　　　　　　　　　　　　　　　　　　b. 読みましょうか。

　　　　とてもおもしろかったですよ。

　　田中：そうですか。ありがとうございます。

4. A：何を ｛ a. 食べませんか。
　　　　　　 b. 食べましょうか。

　　B：このスパゲッティはどうですか。

　　A：いいですね。そうしましょう。

5. ラフル：ワンさん、それは何ですか。

　　ワン：国のお菓子です。おいしいですよ。

　　　　ラフルさんも ｛ a．食べませんか。
　　　　　　　　　　　 b．食べましょうか。

Ⅲ－文型 4・6 例のように書きなさい。

例）A：温泉に行きたいんですが、どこがいいでしょうか。

　　B：テレビで見たんですが、＿＿伊豆がいい＿＿そうですよ。
　　　　　　　　　　　　　　　　（伊豆がいいです）

1. A：おいしい和食の店に行きたいんですが、どこがいいでしょうか。

　　B：この雑誌によると、

　　　　＿＿＿＿＿＿＿＿＿＿＿＿＿＿＿＿＿＿＿＿＿そうですよ。
　　　　　　　（渋谷にいい店があります）

2. A：明日、海に行くんですが、天気はどうでしょうか。

　　B：天気予報によると、明日は＿＿＿＿＿＿＿＿＿＿＿＿＿＿そうですよ。
　　　　　　　　　　　　　　　　（晴れときどきくもりです）

　　　＿＿＿＿＿＿＿＿＿＿＿＿＿そうですよ。
　　　　　（雨は降りません）

3. A：木村さんへのプレゼント、何がいいでしょうか。

　　B：＿＿＿＿＿＿＿＿＿＿＿＿＿＿＿＿＿と言っていましたから、
　　　　（料理をするのが好きです）

　　　　料理の本はどうですか。

　　A：いいですね。

4. A：山本さんはコーヒーが好きでしょうか。

　　B：ええ。＿＿＿＿＿＿＿＿＿＿＿＿＿＿＿と言っていましたよ。
　　　　　　　（よく飲みます）

5. ワン：来月、北海道に行くんですが、京子さんは行ったことがありますか。

　　京子：いいえ、ありません。でも、先週友達が行って、

　　　　＿＿＿＿＿＿＿＿＿＿＿＿＿＿＿＿＿と言っていましたよ。
　　　　　　（とてもよかったです）

　　ワン：そうですか。

　　京子：北海道は＿＿＿＿＿＿＿＿＿＿＿＿＿＿＿＿＿そうです。
　　　　　　　　　（あまり暑くありませんでした）

　　　　　雨も＿＿＿＿＿＿＿＿＿＿＿＿＿＿＿と言っていましたよ。
　　　　　　　　（降りませんでした）

　　ワン：そうですか。

IV - 文型 5 例のように質問に答えなさい。

例) A：田中さんはパーティーに来るでしょうか。

B：{ <u>　来るだろうと思います　</u>よ。
　　<u>　来ないだろうと思います　</u>よ。

1. A：今度のテストは難しいでしょうか。

   B：_____よ。

2. A：今度の週末は雨が降るでしょうか。

   B：_____よ。

3. A：週末、ディズニーランドに行きたいんですが、人が多いでしょうか。

   B：_____よ。

復習 의문사② 第8課～第18課

どう

1. A：天気はどうでしたか。　（第8課文型2）
   B：よかったです。
2. A：新しい部屋はどうですか。　（第8課練習b）
   B：きれいですが、狭いです。
3. A：この学校を卒業してからどうしますか。（第11課本文3）
   B：デザインの勉強をしたいです。
4. A：この学校の施設をどう思いますか。　（第13課文型6）
   B：図書館や食堂が新しいから、いいと思います。
5. A：どうしたんですか。　（第16課文型1）
   B：頭が痛いんです。
6. A：明日のお天気はどうでしょうか。　（第18課本文1）
   B：天気予報によると、明日は晴れだそうですよ。

どうやって

1. A：お台場までどうやって行きますか。　（第10課文型1）
   B：山手線とゆりかもめで行きます。

どうして

1. A：アルバイトを辞めたいです。　（第13課文型4）
   B：どうしてですか。
   A：大変だからです。

何か

1. A：何か借りましたか。　（第9課文型9）
   B：｛はい、着物の本を借りました。
   　　いいえ、何も借りませんでした。

どこか	1. A：昨日、どこかへ行きましたか。（第9課文型9）
	B：$\begin{cases} はい、渋谷へ行きました。\\ いいえ、どこへも行きませんでした。 \end{cases}$
	2. A：財布はどこかにありましたか。（第9課文型9）
	B：$\begin{cases} はい、うちにありました。\\ いいえ、どこにもありませんでした。 \end{cases}$

どの	1. A：どの人が良子さんの弟さんですか。（第13課文型1）
	B：歌を歌っている人です。

どのぐらい	1. リー：ワンさんは国でどのぐらい日本語を勉強しましたか。
	ワン：3か月勉強しました。（第8課文型1）
	2. A：一週間にどのぐらい来られますか。（第17課文型5）
	B：3日ぐらいです。
	3. A：どのぐらい泳げますか。（第17課文型5※）
	B：1,000メートルぐらい泳げます。

どちら(のほう)	1. A：北海道と九州とどちら（のほう）が広いですか。
	B：北海道のほうが九州より広いです。（第15課文型1）

どれ	1. A：中野と三鷹と池袋の部屋の中で、どれがいちばん静かですか。
	B：中野の部屋がいちばん静かです。（第15課文型5）

どこ	1. A：東京と大阪と名古屋の中で、どこがいちばん人口が多いですか。
	B：東京です。（第15課文型5）

誰
1. A：このクラスの中で誰がいちばん早く学校へ来ますか。
   B：チンさんです。（第15課文型5）

いつ
1. A：一年の中でいつがいちばん雨が多いですか。（第15課文型5）
   B：9月だと思います。

何
1. A：スポーツの中で何がいちばん好きですか。（第15課文型5）
   B：水泳がいちばん好きです。

問題　＿＿＿＿に疑問詞を書きなさい。

1. A：国で＿＿＿＿＿＿日本語を勉強しましたか。
   B：半年ぐらいです。

2. A：今朝、＿＿＿＿＿＿食べましたか。
   B：いいえ、何も食べませんでした。

3. A：昨日、＿＿＿＿＿＿へ行きましたか。
   B：はい、渋谷へ映画を見に行きました。

4. A：渋谷まで＿＿＿＿＿＿行きますか。
   B：山手線で行きます。

5. A：大学を卒業してから＿＿＿＿＿＿しますか。
   B：アメリカへ留学します。

6. A：＿＿＿＿＿＿＿人がラフルさんですか。

　　B：あそこで本を読んでいる人です。

7. ラフル：日本語の勉強は大変です。

　　田中：＿＿＿＿＿＿＿ですか。

　　ラフル：漢字が多いからです。

8. A：東京の電車を＿＿＿＿＿＿＿思いますか。

　　B：便利だと思います。

9. A：犬と猫と＿＿＿＿＿＿＿が好きですか。

　　B：私は犬のほうが好きです。

10. A：スポーツの中で＿＿＿＿＿＿＿がいちばん好きですか。

　　B：バスケットボールです。

11. A：すもうと野球とサッカーの中で、＿＿＿＿＿＿＿がいちばん人気がありますか。

　　B：サッカーです。

12. A：昨日、学校を休みましたね。＿＿＿＿＿＿＿したんですか。

　　B：頭がとても痛かったんです。

13. A：一週間に＿＿＿＿＿＿＿＿アルバイトに行きますか。

    B：3日です。

14. A：今晩、いっしょにごはんを食べませんか。

    B：いいですね。＿＿＿＿＿＿＿＿を食べましょうか。

    A：イタリア料理か中華料理はどうですか。

    B：いいですね。

    A：＿＿＿＿＿＿＿＿が好きですか。

    B：そうですね…。私はイタリア料理のほうが好きです。

15. A：先週、箱根へ行きました。

    B：箱根ですか。私は行ったことがないんですが、どんな所ですか。

    A：山も湖もあって、きれいな所です。

    B：そうですか。＿＿＿＿＿＿＿＿行ったんですか。

    A：新宿から電車で行きました。

    B：＿＿＿＿＿＿＿＿かかりましたか。

    A：2時間ぐらいです。

조사② 第11課〜第18課

に
1. 横浜に住んでいます。（第11課文型1）
2. 姉は貿易会社に勤めています。（第11課文型1）
3. 妹はイギリスに留学しています。（第11課文型1）
4. ファッションショーに行きます。（第11課文型4）
5. 大阪に行きます。（第11課文型4※）
6. アナウンサーになりたいです。（第11課文型6-2）
7. 寝る前に、はりかえてください。（第16課文型7）
8. 1か月に3冊ぐらい本を読みます。（第17課文型5）

で
1. フライパンで牛丼を作ります。（第12課文型1）
2. 一年の中でいつがいちばん雨が多いですか。（第15課文型5）
3. ごはんを食べた後で、飲んでください。（第16課文型7）

と
1. 友達とファッションショーに行きます。（第11課文型5）
2. 弟は野球を見に行くと言っていました。（第18課文型6）

が
1. ピアノが弾けます。（第17課文型1）

問題1　＿＿＿にひらがなを1つ書きなさい。

1. 友達＿＿＿いっしょにクラシックのコンサート＿＿＿行きます。

2. ここに名前をボールペン＿＿＿書いてください。

3. A：果物の中＿＿＿何＿＿＿いちばん好きですか。

　　B：いちご＿＿＿いちばん好きです。

4. 私は英語＿＿＿話せます。将来、英語の先生＿＿＿なりたいです。

5. 患者：この薬はごはんを食べた後＿＿＿、飲むんですか。

　　薬剤師：いいえ。これはごはんを食べる前＿＿＿、飲んでください。

6. A：よく映画を見ますか。

　　B：はい。1週間＿＿＿1回ぐらい見ます。

7. ワン：リーさんはどこですか。

　　キム：病院へ行きましたよ。頭が痛い＿＿＿言っていました。

8. A：キムさん＿＿＿チンさん＿＿＿ラフルさん＿＿＿中＿＿＿、誰がいちばん背が高いですか。

　　B：チンさん＿＿＿いちばん高いですよ。

問題2 (第1課～第18課)　＿＿＿に「に」か「で」を書きなさい。

1. 私の弟はオーストラリア＿＿＿留学しています。

2. 先生：図書館の中＿＿＿、大きい声で話してはいけません。

3. A：新しいアパートはどうですか。

    B：アパートのそば＿＿＿スーパーやコンビニなどがあるので、とても便利です。

4. 私の姉は上海＿＿＿住んでいます。

5. 兄は銀行＿＿＿勤めています。

6. （新宿駅で）

    客：あのう、浅草に行きたいんですが…。

    駅員：神田駅＿＿＿銀座線＿＿＿乗り換えてください。

복습 　문형　第1課～第18課

1. い形容詞　と　な形容詞

1. い形容詞＋名詞　（第4課文型1）
   ・広い部屋です。

2. な形容詞＋名詞　（第4課文型1）
   ・元気な子供です。

3. い形容詞＋い形容詞＋名詞　（第7課文型4）
   ・A：どんな財布ですか。
   　B：黒くて小さい財布です。

4. な形容詞＋な形容詞＋名詞　（第7課文型4）
   ・静かできれいな店です。

5. い形容詞＋い形容詞　（第8課文型7）
   ・パイナップルは安くておいしかったです。

6. な形容詞＋な形容詞　（第8課文型7）
   ・ホテルの部屋は静かできれいでした。

7. い形容詞＋動詞　（第12課文型2）
   ・たまねぎを薄く切ります。

8. な形容詞＋動詞 （第１２課文型２）

・洗濯機を自由に使ってもいいです。

9. い形容詞＋なります。 （第１２課文型４）

・東京では、７月ごろから気温が高くなります。

10. な形容詞＋なります。 （第１２課文型４）

・前はさしみが嫌いでしたが、今は好きになりました。

11. い形容詞＋すぎます。 （第１５課文型４）

・A：この部屋はどうですか。

　B：そうですね。ちょっと狭すぎますね。

12. ～て＿ません。 （第１７課文型４）

・人が多くて乗れません。

問題　（　）の言葉を適当な形にして書きなさい。

1. リー：この写真、マリーさんの部屋ですか。

　　　　＿＿＿＿＿＿＿＿＿＿＿＿部屋ですね。

　　　　　　　（きれい）

　マリー：ありがとうございます。

2. 私は毎朝＿＿＿＿＿＿＿＿＿＿起きます。
   　　　　　　　　（早い）

3. このアパートは駅から＿＿＿＿＿＿＿＿＿＿すぎます。
   　　　　　　　　　　　（遠い）

4. 昨日のパーティーは＿＿＿＿＿＿＿＿＿＿楽しかったです。
   　　　　　　　　　（にぎやか）

5. 前は納豆が嫌いでしたが、今は＿＿＿＿＿＿＿＿＿＿なりました。
   　　　　　　　　　　　　　　　（好き）

6. A：あのう、電車の中にかばんを忘れました。

   B：どんなかばんですか。

   A：＿＿＿＿＿＿＿＿＿＿大きいかばんです。
   　　（黒い）

7. A：すみません、手伝ってください。荷物が＿＿＿＿＿＿＿＿＿＿持てないんです。
   　　　　　　　　　　　　　　　　　　　　　（多い）

   B：はい。

8. これから漢字のテストをします。＿＿＿＿＿＿＿＿＿＿書いてください。
   　　　　　　　　　　　　　　　　（きれい）

9. 毎日使ったので、消しゴムが＿＿＿＿＿＿＿＿＿＿なりました。
   　　　　　　　　　　　　　　（小さい）

2．て形（動詞）

1. ～てください。 （第9課文型2）

   ・教科書を読んでください。

2. ～てはいけません。 （第9課文型3）

   ・教室でたばこを吸ってはいけません。

3. ～てもいいですか。 （第9課文型4）

   ・A：窓を開けてもいいですか。

    B：ええ、どうぞ。

4. ～て、＿＿＿＿。 （第9課文型6）

   ・キャッシュカードを入れて、暗証番号を押してください。
   ・A：昨日、何をしましたか。

    B：図書館へ行って、本を借りました。

5. ～ています。 （第10課文型2）

   ・林さんは、今、電話をしています。

6. ～ています。 （第11課文型1）

   ・父は会社を経営しています。

7. ～てから＿＿＿＿。 （第11課文型2）

   ・高校を卒業してから会社に勤めていました。

8. ～て_____。 （第１７課文型４）

・荷物がたくさんあって持てません。

問題　て形を使う文型1.～8.を使って書きなさい。

1. 学生：放課後、パソコン教室を_____
　　　　　　　　　　　　　　　　　　　　　　　　（使う）

　　先生：ええ、いいですよ。

2. A：すみません、ボールペンを_____
　　　　　　　　　　　　　　　　　　　　　　　　（貸す）

　　B：はい、どうぞ。

3. A：日曜日に何をしましたか。

　　B：渋谷へ_____、映画を見ました。
　　　　　　　　（行く）

4. 先生：ワンさんはどこですか。

　　チン：図書館で_____
　　　　　　　　　　　　　　　　　（勉強する）

5. リー：ラフルさんはアルバイトをしていますか。

　　ラフル：いいえ、_____
　　　　　　　　　　　　　　　　　　　（する）

6. 先生：これから図書館へ行きます。図書館の中で、
   大きい声で＿＿＿＿＿＿＿＿＿＿＿＿＿＿＿＿＿＿＿＿＿＿＿＿＿
   （話す）

7. （１２時　教室で）
   A：お昼ごはんを食べに行きませんか。
   B：はい。でも、この作文を先生に＿＿＿＿＿＿＿＿＿＿＿＿行きます。
   （出す）

8. A：ご兄弟はいらっしゃいますか。
   B：ええ、姉がいます。姉は旅行会社に＿＿＿＿＿＿＿＿＿＿＿＿＿＿＿＿
   （勤める）

9. A：昨日、コンサートに行きましたか。
   B：いいえ。宿題がたくさん＿＿＿＿＿＿＿＿＿＿行けませんでした。
   （ある）

3. ます形（動詞）

1. ～方 （第9課文型5）

　・すみません、この漢字の読み方を教えてください。

2. ～ましょうか。 （第9課文型7）

　・A：手伝いましょうか。

　　B：ありがとうございます。

3. ～ながら＿＿＿＿。 （第10課文型3）

　・私は、毎朝、コーヒーを飲みながら新聞を読みます。

4. ～に （第11課文型3）

　・日曜日に友達の家へ遊びに行きました。

5. ～たいです。 （第11課文型6）

　・将来、日本の会社に就職したいです。

6. ～にくいです。
　～やすいです。 （第14課文型3）

　・A：大きいハンバーガーですね。

　　B：ええ。ちょっと食べにくいです。

　・A：新しいスニーカー、どうですか。

　　B：とても歩きやすいです。

7. ~すぎる （第15課文型4）

・お酒を飲みすぎると、頭が痛くなります。

8. ~ませんか。 （第18課文型1）

・マリー：チンさん、今度の日曜日、映画を見に行きませんか。
　チン：映画ですか。いいですね。

9. ~ましょうか。
　~ましょう。 （第18課文型3）

・良子：どこへ行きましょうか。
　武：良子さんの好きな所へ行きましょう。
・先生：みなさん、いっしょに写真を撮りましょう。ここに集まってください。
　学生：はあい。

問題 ます形を使う文型1.～9.を使って書きなさい。

1. 私はいつも音楽を＿＿＿＿＿＿＿＿＿＿＿＿＿＿＿勉強します。
（聞く）

2. 私は将来、デザイナーに＿＿＿＿＿＿＿＿＿＿＿＿＿＿＿です。
（なる）

3. 学生：すみません、この漢字の＿＿＿＿＿＿＿＿＿＿＿＿＿を教えてください。
（書く）

4. A：冬休みはどうしますか。

　　B：友達と北海道へ _____ 行きます。
　　　　　　　　　　　（スキーをする）

5. 店員：その靴はどうですか。

　　客：そうですね。ちょっと_____ですね。
　　　　　　　　　　　　　　　　（歩く）

　　店員：そうですか。じゃあ、こちらはどうですか。

　　客：あ、この靴は_____です。こちらを買います。
　　　　　　　　　　　　（歩く）

6. A：_____
　　　　（持つ）
　　B：お願いします。

7. A：どのケーキを_____
　　　　　　　　　　（買う）
　　B：あのいちごのケーキはどうですか。
　　A：そうですね。そうしましょう。

8. ラフル：チンさん、日曜日に_____
　　　　　　　　　　　　　　　（サッカーをする）
　　チン：サッカーですか。いいですね。

4．辞書形（動詞）

1. ～のが好きです。　（第６課文型７）

   ・私はサッカーを見るのが好きです。

2. ～と、_____。　（第１２課文型５）

   ・コーヒーに砂糖を入れると、甘くなります。

3. ～まで_____。　（第１６課文型５）

   ・医者：治るまで激しい運動をしないでください。

4. ～前に、_____。　（第１６課文型７）

   ・プールに入る前に、シャワーを浴びてください。

5. ～ことができます。
   ～ことはできません。　（第１７課文型６）

   ・学生：放課後、パソコン教室を使うことができますか。
   　先生：はい、できますよ。３時から５時まで自由に使ってください。
   ・学生会館で動物を飼うことはできません。

問題　辞書形を使う文型１．～５．を使って書きなさい。

1. 私はいつも＿＿＿＿＿＿＿＿＿＿＿＿＿＿＿＿に、日記を書きます。
   （寝ます）

2. 春に＿＿＿＿＿＿＿＿＿＿＿＿、桜の花が咲きます。
   　　　　　（なります）

3. 文化美術館で写真を＿＿＿＿＿＿＿＿＿＿＿＿はできません。
   　　　　　　　　　　　　　（撮ります）

4. 武：良子さんはよくスポーツをしますか。

   良子：はい。スポーツを＿＿＿＿＿＿＿＿＿＿＿＿が好きです。
   　　　　　　　　　　　　　（します）

   　　　武さんは？

   武：私はスポーツを＿＿＿＿＿＿＿＿＿＿＿＿は好きじゃありません。
   　　　　　　　　　　　　（します）

   　　＿＿＿＿＿＿＿＿＿＿＿＿が好きです。
   　　　　　　（見ます）

5. (不動産屋で)

   客：この渋谷の部屋で猫を＿＿＿＿＿＿＿＿＿＿＿＿ができますか。
   　　　　　　　　　　　　　　（飼います）

   不動産屋：いいえ、できません。

5. 基本体過去・肯定形（動詞）

1. ~たり、~たり___。（第１４課文型４）

   ・A：日曜日に、いつも何をしますか。

   　B：音楽を聞いたり、散歩をしたりします。

2. ~た後（で）、___。（第１６課文型７）

   ・私はいつもごはんを食べた後、歯をみがきます。

3. ~たことがあります。（第１７課文型３）

   ・A：北海道へ行ったことがありますか。

   　B：ええ、１回だけあります。

問題 基本体過去・肯定形を使う文型１．~３．を使って書きなさい。

1. A：休みの日に何をしますか。

   B：友達といっしょに_____、

   　　　　（サッカーをします）

   _____します。

   　　（カラオケに行きます）

2. ワン：チンさんは_____ことがありますか。

   　　　　　　　（スキーをします）

   チン：いいえ、ありません。

3. 看護師：この薬はごはんを_____後で、

   　　　　　　　　　　　　　（食べます）

   　　　飲んでください。

6. 基本体

1. _____＋名詞　（第１３課文型１）

   ・私は日本語学校で勉強している学生です。

2. _____から、_____。　（第１３課文型３）

   ・忙しいから、あまり料理はしません。

   ・A：よく図書館で勉強しますか。

   　B：はい。静かだから、よく行きます。

   ・日本人の友達がおおぜいいるから、よく日本語を使います。

3. _____からです。　（第１３課文型４）

   ・A：私は原宿が大好きです。

   　B：どうしてですか。

   　A：かわいい服の店が多いからです。

   ・A：アルバイトを辞めたいです。

   　B：どうしてですか。

   　A：大変だからです。

   ・A：明日、パーティーに行きますか。

   　B：いいえ、行きません。

   　A：どうしてですか。

   　B：国から友達が来るからです。

4. _____時は、_____。　（第１３課文型５）

   ・寂しい時は、音楽を聞きます。

・授業がわからない時は、友達に聞きます。

※暇な時は、音楽を聞きます。

※テストの時は、字をきれいに書いてください。

5. _____と思います。（第１３課文型６）

・A：学校の図書館をどう思いますか。

　B：いいと思います。

・A：東京のバスは便利だと思いますか。

　B：いいえ、あまり便利じゃないと思います。

・この学校の学生はよく勉強すると思います。

6. _____ので、_____。（第１４課文型２）

・昨日は暑かったので、友達とプールに行きました。

・A：消しゴムを忘れたので、借りてもいいですか。

　B：ええ、どうぞ。

※勉強が大変なので、アルバイトはしていません。

※A：夏休み、国へ帰りますか。

　B：はい。祖母が病気なので、帰ります。

7. _____んです。（第１６課文型１）

・A：どうしたんですか。

　B：頭が痛いんです。薬を飲んだんですが、効かないんです。

※A：新しいうちはどうですか。

　B：広くていいんですが、駅から遠くてちょっと不便なんです。

※A：国へ帰るんですか。

　B：ええ。祖父が病気なんです。

8. _____かもしれません。　（第16課文型3）

- A：今度の日曜日に映画を見に行くんです。

  B：そうですか。でも、日曜日は人が多いかもしれませんよ。

- 雨が降るかもしれないから、傘を持って行きます。

※A：このホテルはどうですか。

　B：そうですね…。空港から遠いから、不便かもしれませんよ。

※キム：チンさん、今日も休みですね。

　リー：ええ。病気かもしれませんね。

9. _____こと　（第16課文型6）

- A：この前の旅行で、いちばん楽しかったことは何ですか。

  B：温泉に入ったことです。

※心配なことがある時は、家族に相談します。

10. _____＋名詞_____。　（第17課文型2）

- たばこを吸う人が、少なくなりました。

11. _____んですが、_____。　（第18課文型2）

- A：コンサートのチケットが2枚あるんですが、いっしょに行きませんか。

  B：いいですね。

12. _____そうです。　（第18課文型4）

- 雑誌で読んだんですが、駅のそばのレストランは魚がおいしいそうですよ。
- サラさんの話では、下田の海はとてもきれいだそうですよ。
- ニュースによると、昨日羽田空港で火事があったそうです。
- 天気予報によると、明日は晴れだそうです。

139

13.
| A：＿＿＿でしょうか。 |
| B：＿＿＿だろうと思います。 |

（第１８課文型５）

・A：この映画はおもしろいでしょうか。

　B：この俳優が出るから、おもしろいだろうと思いますよ。

・長井：広田さんはパーティーに来るでしょうか。

　木村：ええ、来るだろうと思いますよ。

※このアルバイトはたぶん大変だろうと思います。

※　林：山田さん、今日は休みでしょうか。

　西村：ええ、休みだろうと思いますよ。

14. ＿＿＿＿＿と言っていました。　（第１８課文型６）

・友達が北海道はとても寒かったと言っていました。

・美花さんはコーヒーが好きだと言っていました。

・ラフルさんは、熱があるので、病院へ行くと言っていました。

問題１　（　）の言葉を適当な形にして書きなさい。

1. A：どの人が山田さんですか。

　B：ギターを＿＿＿＿＿＿＿＿＿＿＿＿＿人です。
　　　　　　　（弾いています）

2. A：夏休み、いちばん楽しかったことは何ですか。

　B：友達と沖縄へ行って、きれいな海で＿＿＿＿＿＿＿＿＿＿＿ことです。
　　　　　　　　　　　　　　　　　　　　　　（泳ぎました）

3. 天気予報によると、明日は雪が_____そうです。
　　　　　　　　　　　　　　　　　　(降り)

4. ラフル：漢字の書き方が_____時は、辞書で調べます。
　　　　　　　　　　　　　　(わからない)

5. 日本では、たばこを_____人が多くなりました。
　　　　　　　　　　　(吸わない)

6. マリー：大きいかばんですね。旅行ですか。

　　リー：いいえ。友達の結婚式が_____ので、
　　　　　　　　　　　　　　　　　　(ある)

　　　　国へ_____んです。
　　　　　(帰る)

　　マリー：そうですか。

7. 幸子：チンさんは、夏休みに国へ_____でしょうか。
　　　　　　　　　　　　　　　　　　(帰る)

　　マリー：北海道へホームステイに_____と言って
　　　　　　　　　　　　　　　　　　(行く)

　　いましたから、たぶん_____だろうと思いますよ。
　　　　　　　　　　　　　(帰らない)

8　武：渋谷においしいイタリア料理の店が＿＿＿＿＿＿＿＿＿＿んですが、
　　　　　　　　　　　　　　　　　　　　　　　　　（あります）
　　　土曜日の夜、いっしょに晩ごはんを食べに行きませんか。

　　良子：いいですね。

　　　　　でも、土曜日は＿＿＿＿＿＿＿＿＿＿かもしれませんよ。
　　　　　　　　　　　　　　（込んでいます）

　　武：そうですね。すぐ予約しましょう。

問題2　（　）の言葉を適当な形にして書きなさい。

1. A：大学の授業はどうですか。

　　B：大変です。

　　A：どうしてですか。

　　B：レポートが＿＿＿＿＿＿＿＿＿＿からです。
　　　　　　　　　　（多いです）

2. A：昨日、どうして休んだんですか。

　　B：おなかが＿＿＿＿＿＿＿＿＿＿んです。
　　　　　　　　　（痛かったです）

3. A：ハワイにセーターを持って行くんですか。

　　B：ええ。＿＿＿＿＿＿＿＿＿＿かもしれないから…。
　　　　　　　　（寒いです）

4．A：日本の生活で_____ことは何ですか。
　　　　　　　　　　（大変です）

　　B：物価が_____ことです。
　　　　　　　　（高いです）

5．明日は_____ので、家でゲームをします。
　　　　　　（暇です）

6．A：山田さんの話では、文化スーパーの魚は_____そうですよ。
　　　　　　　　　　　　　　　　　　　　　　　（新鮮です）

　　B：そうですか。

7．A：ワンさんはケーキが好きでしょうか。

　　B：ええ、よくケーキを買いに行くと言っていましたから、

　　　_____だろうと思いますよ。
　　　　（好きです）

8．天気予報によると、明日は_____そうです。
　　　　　　　　　　　　　　　　（晴れです）

9．A：美花さんが昨日のテストは_____と言っていましたよ。
　　　　　　　　　　　　　　　　　　（簡単でした）

　　B：そうですか。

10．学校の食堂は_____と思います。
　　　　　　　　（安くておいしいです）

生活の言葉　5ページ

I　　1. b　　2. b　　3. a　　4. a　　5. c
　　　6. c　　7. c　　8. c　　9. a　　10. a

II　　1.　　　2.　　　3.

　　　4.　　　5.

III　　1. a　　2. c　　3. a　　4. b　　5. c　　6. b　　7. a
　　　8. a　　9. c　　10. a　　11. c

IV　　1. c　　2. b　　3. a　　4. c　　5. a　　6. c

第1課　9ページ

I　　1. ハンバーガー　３００円　　2. 佐藤さん　会社員

II　　1. いいえ　　2. はい　　3. はい

III　　1. は　の　　2. の　は　　3. の　は

IV　　1. １０時　　2. ５時　　3. ９時　３時

V　　1. いつ　　2. 何曜日　　3. いつから　いつまで

VI　　1. の　は　と　　2. は　と

146

第2課　15ページ

I
1. 書きます　2. 来ます　3. 食べます　4. 仕事をします
5. 飲みます　6. 寝ます　7. 帰ります　8. 読みます

II
1. に　2. で　を　3. へ　4. で　を　5. へ
6. で　を　7. に　へ　8. を　9. に

III
1. どこ　2. 何時　3. どこ　4. 何　5. いつ

IV
1. （例）9時に（学校へ）来ます。　2. （例）学校の食堂で食べます。
3. （例）5時ごろ（うちへ）帰ります。　4. （例）テレビを見ます。
5. （例）11時ごろ寝ます。

V
1. 飲みません。　2. 見ません。　3. 聞きません。　4. しません。

VI
1. 食べました。　2. 行きませんでした。　3. 読みました。
4. 飲みませんでした。　5. しました。

第3課　21ページ

I
1. とけい　2. えんぴつ　3. きょうかしょ　4. めがね　5. いす
6. かさ　7. つくえ　8. かばん　9. くつ

II
1. カーテン　2. テレビ　3. パソコン　4. ボールペン
5. シャーペン／シャープペンシル　6. ノート

III
1. はい　犬です。　2. いいえ　犬じゃありません
3. はい　ラーメンです。　4. いいえ　ラーメンじゃありません

IV
1. 田中さんの（傘）です。　2. 先生の（めがね）です。　3. 誰のかばんですか。

V
1. ①それ　の（本）　②も　の（本）です　③それ　の（本）
2. ①あれ　②あれ

第4課　27ページ

I 　1. a　2. c　3. b　4. b　5. b

II 　1. いいえ、広くありません。　2. はい、古いです。
　3. いいえ、きれいじゃありません。　4. はい、暗いです。
　5. いいえ、短くありません。

III 　1. a きれいな　2. c 白い

IV 　1. どれ　2. どこ　3. 誰

V 　1. c　2. c

第5課　32ページ

I 　1. 上　あります。　2. 中　います。　3. 前／そば　あります。
　4. 下　あります。　5. そば　います。

II

（リン）（原）（吉田）（佐藤）
（一郎）（幸子）

III 　1. の に と が　2. の に や が　3. の に が の に が

IV 　1. 何　あります　あります。　2. 何　います　います。
　3. どこ　あります　4. どこ　あります　5. どこ　います

V 　1. 郵便局の前にあります。　2. 郵便局の隣にあります。
　3. 本屋はどこにありますか。

第6課　37ページ

I
1. (例) はい　　a します。
　　　 いいえ　b しません。
　　　 いいえ　c しません。
2. (例) はい　　a 読みます。
　　　 いいえ　b 読みません。
　　　 いいえ　c 読みません。
3. (例) はい　　a 書きます。
　　　 いいえ　b 書きません。
　　　 いいえ　c 書きません。

II　c　c　b

III　1. 好きです。　2. 好きじゃありません。

IV　1. 何　2. どんな　3. 何時　4. いつ

V
1. は　好きじゃありません　好きです。　　2. は　見ません　見ます。
3. へは　行きません　行きます。　　4. には　帰りません　(に)帰ります。
5. では　食べません　食べます。

VI

～ます	～ません	グループ	辞書形
吸います	吸いません	1	吸う
行きます	行きません	1	行く
あります	ありません	1	ある
帰ります	帰りません	1	帰る
寝ます	寝ません	2	寝る
起きます	起きません	2	起きる
食べます	食べません	2	食べる
します	しません	3	する
来ます	来ません	3	来る

VII　1. を見るのが好きです。　2. を聞くのが好きです。　3. をするのが好きです。

第7課　43ページ

I
1. 聞きました。　2. 行きます。　3. 帰ります。
4. 買いました。　5. 飲みました。

II
1. します。　2. しました。　3. 飲みませんでした。
4. 読みます。　5. 帰りません。　6. しませんでした。

III
1. b　2. b　a

IV
1. 広くて明るい　2. 赤くて小さい　3. 静かできれいな
4. 新しくてきれいな　5. 白くて長い

V
1. （例）古くて汚い辞書です。　2. （例）黒くて大きいかばんです。
3. （例）黒くて長い傘です。

VI
1. b　2. b　a

VII
1. a　c　2. b

VIII
1. ラフルさんはワンさんに消しゴムを貸します。
2. キムさんはリーさんにシャーペンを借ります。

復習　의문사①　生活の言葉～第7課　52ページ

問題1　1. 何を　2. 誰の　3. 誰が　4. どれ　5. 何が

問題2　1. どこに　2. 何　3. いつ　4. どこへ　5. どんな

第8課　54ページ

I 1. 4時間　2. 2時間　3. 3時間　4. 5日(間)　5. 2か月

II 1. どのぐらい　2. 誰　3. どこ　4. 何

III 1. 楽しかったです。よかったです。　2. 大変です。　3. 休みでした。

IV 1. 安いです　2. 新しいです　3. おいしかったです

V 1. は吸いますが、お酒はあまり飲みません。　2. はしますが、手紙はぜんぜん書きません。

VI 遠くて 不便でした
広くて きれいでした／きれいで 広かったです
新鮮で おいしかったです。

VII 1. 学校で勉強します。うちでも勉強します。
2. スーパーでパンを買いました。アイスクリームも買いました。

第9課　60ページ

I

ます形	グループ	辞書形	て形
食べます	2	食べる	食べて
使います	1	使う	使って
教えます	2	教える	教えて
話します	1	話す	話して
行きます	1	行く	行って
来ます	3	来る	来て
泳ぎます	1	泳ぐ	泳いで
帰ります	1	帰る	帰って
読みます	1	読む	読んで
します	3	する	して
呼びます	1	呼ぶ	呼んで
聞きます	1	聞く	聞いて
借ります	2	借りる	借りて

II 1. 見てください。　2. 書いてください。　3. 貸してください。

III 1. × 2. ○ 3. × 4. ×

IV 1. たばこを吸ってもいいですか。　2. 写真を撮ってもいいですか。

V 1. すみません、この漢字の読み方を教えてください。
2. すみません、この料理の作り方を教えてください。

VI 1. 買い物をして、うちへ帰りました。　2. お風呂に入って、寝ました。
3. 郵便局へ行って、切手を買いました。
4. 図書館へ行って、本を借りました。／図書館へ行って、本を返しました。

VII 1. 取りましょうか。　2. 手伝いましょうか。

VIII 1. b　2. a　3. b　4. a

IX 1. どこかへ　2. 何か　何も　3. どこにも

第10課　67ページ

I （例）新宿で山手線に乗って、渋谷で東横線に乗り換えます。
横浜で電車を降りて、友達のうちまで歩いて行きます。
新宿から友達のうちまで４５分ぐらいかかります。

II 1. 飲んでいます。　2. 寝ています。　3. 聞いています。
4. 読んでいます。　5. 話しています。　6. 撮っています。　7. 歌っています。

III 1. 音楽を聞きながら勉強をしています。　2. お菓子を食べながら本を読んでいます。
3. 歌を歌いながら絵をかいています。

復習　助詞①　第1課～第10課　71ページ

問題1　1. の　の　2. に　と/や　を　3. の　の　4. に　が　や
5. も　6. へは　へ　7. に　8. が　は　は
9. で　へ　で　10. に　11. を

問題2　1. に　2. に　に　3. で　4. で　5. で　で　6. で　7. で

第11課　74ページ

I　経営して　勤めて　結婚し　住んで

II　1．宿題をしてからテレビを見ました。　2．銀行へ行ってからデパートへ行きました。
　　3．電話をしてから友達のうちへ行きました。

III　1．本を返しに行きます。　2．映画を見に行きます。
　　3．ファッションの勉強をしに来ました。

IV　1．昨日公園へ散歩に行きました。　2．友達といっしょに学校へ来ました。
　　3．一人で渋谷へ映画を見に行きました。

V　1．食べたいです。　2．勉強をしたいです。　3．なりたいです。
　　4．行きたくありません。

VI　1．a　食べました。　2．b　出していません。　3．b　来ていません。

第12課　79ページ

I　1．テストの時はえんぴつで書いてください。
　　2．フライパンでたまねぎと牛肉を炒めます。

II　1．自由に　2．大きく　3．きれいに　4．早く

III

辞書形	グループ	肯定形		否定形	
		です・ます体	基本体	です・ます体	基本体
行く	1	行きます	行く	行きません	行かない
いる	2	います	いる	いません	いない
する	3	します	する	しません	しない
切る	1	切ります	切る	切りません	切らない
ある	1	あります	ある	ありません	ない
来る	3	来ます	来る	来ません	来ない
入れる	2	入れます	入れる	入れません	入れない
買う	1	買います	買う	買いません	買わない
出る	2	出ます	出る	出ません	出ない

Ⅳ 1．大きくなりました。　　2．きれいになりました。　　3．安くなりました。

Ⅴ 1．砂糖を入れると、甘くなります。　　2．夏になると、暑くなります。
　　3．夜になると、静かになります。　　（順不同）

第13課　83ページ

Ⅰ 1．お弁当を食べている人です。　　2．新聞を読んでいる人です。
　　3．電話をしている人です。　　4．コーヒーを飲んでいる人です。

Ⅱ

肯定形		否定形	
です・ます体	基本体	です・ます体	基本体
楽しいです	楽しい	楽しくありません	楽しくない
広いです	広い	広くありません	広くない
いいです	いい	よくありません	よくない
大変です	大変だ	大変じゃありません／大変ではありません	大変じゃない／大変ではない
きれいです	きれいだ	きれいじゃありません／きれいではありません	きれいじゃない／きれいではない
会社員です	会社員だ	会社員じゃありません／会社員ではありません	会社員じゃない／会社員ではない

Ⅲ 1．母の料理が食べたいから、帰ります。
　　2．宿題がたくさんあるから、どこへも行きません。
　　3．バスケットボールが好きだから、よく友達とします。

Ⅳ 1．物価が高い　　2．好きじゃない　　3．いない

Ⅴ 1．b　　2．c　　3．a

Ⅵ 1．おいしくない　　2．どう　　3．勉強する　　4．どう

第14課　88ページ

I　動詞

辞書形	グループ	基本体・過去（肯定形）	基本体・過去（否定形）
読む	1	読んだ	読まなかった
開ける	2	開けた	開けなかった
食べる	2	食べた	食べなかった
帰る	1	帰った	帰らなかった
行く	1	行った	行かなかった
来る	3	来た	来なかった
する	3	した	しなかった
見る	2	見た	見なかった
閉める	2	閉めた	閉めなかった
話す	1	話した	話さなかった

い形容詞・な形容詞・名詞

辞書形	基本体・現在	基本体・過去（肯定形）	基本体・過去（否定形）
楽しい	楽しい	楽しかった	楽しくなかった
かわいい	かわいい	かわいかった	かわいくなかった
静か	静かだ	静かだった	静かじゃなかった／静かではなかった
暇	暇だ	暇だった	暇じゃなかった／暇ではなかった
嫌い	嫌いだ	嫌いだった	嫌いじゃなかった／嫌いではなかった
学生	学生だ	学生だった	学生じゃなかった／学生ではなかった

Ⅱ　（今日、財布を落とした。）

　　朝、私は郵便局へ行って、切手を買った。それから、うちへ帰った。うちへ帰って、かばんの中を見た。その時、財布がなかったので、交番へ行った。
　　おまわりさんは私にいろいろ聞いた。私は住所と電話番号と名前を書いて、うちへ帰った。

Ⅲ　1．頭が痛かったので、病院へ行きました。
　　2．消しゴムを忘れたので、友達に借りました。
　　3．昨日は暇だったので、うちでテレビを見ました。
　　4．寒いので、窓を閉めてもいいですか。　　（順不同）

Ⅳ　1．切りにくいです。　2．見やすいです。　3．書きにくいです。

Ⅴ　1．テニスをしたり、(海で)泳いだりしました。
　　2．絵をかいたり、写真を撮ったりしました。
　　3．音楽を聞いたり、散歩をしたりしました。

第15課　93ページ

Ⅰ　1．北海道のほうが（九州より）広いです。
　　2．アルンさんのほうが（ワンさんより）（背が）高いです。
　　3．東京のほうが（大阪より）（人口が）多いです。

Ⅱ　1．横浜の部屋　　8万円／ずっと　　2．佐藤さん　　9歳／ずっと
　　3．どちらも同じぐらいだ

Ⅲ　1．大きすぎます。　2．難しすぎます。

Ⅳ　1．何　2．誰　3．いつ　4．どこ

Ⅴ　1．は　が　2．は　より　が　3．は　より

Ⅵ　1．キムさんはこのクラスの中でいちばん背が高いです。
　　2．東京は日本の都市の中でいちばん人口が多いです。
　　3．富士山は日本でいちばん高い山です。

第16課 100ページ

I
1. 国へ帰るんです　　旅行に行くんです。
2. そうじをしたんです　　午後、友達が来るんです。
3. 食べないんです　　あまりおいしくないんです。

II
1. のどが痛いんです。　　2. せきが出るんです。
3. 熱があるんです。　　4. 寒気がするんです。

III　1. b　b　　2. b　a　　3. a　a　　4. b

IV　1.（例）かぜ　　2.（例）病気になる

V　1. 飲まないでください。　　2. 入らないでください。　　3. しないでください。

VI　1. a　　2. b　　3. a

VII　1.（例）映画を見る　　2.（例）母の料理を食べる　　3.（例）友達と旅行をした

VIII　1. ごはんを食べた後で飲んでください。　　2. いつも寝る前にお風呂に入ります。

第17課 107ページ

I

辞書形	グループ	可能形	辞書形	グループ	可能形
食べる	2	食べられる	来る	3	来られる
覚える	2	覚えられる	選ぶ	1	選べる
読む	1	読める	借りる	2	借りられる
する	3	できる	起きる	2	起きられる
働く	1	働ける	乗る	1	乗れる

II
1. ピアノが弾けます。　　2. 料理が作れます。　　3. 車の運転ができます。
4. バイクに乗れます。　　5. クロールで1,000メートル泳げます。

III
1. 中国語が話せる日本人は少ないです。
2. 去年日本へ来た外国人は約620万人でした。
3. まだ宿題を出していない人は明日までに出してください。／
宿題をまだ出していない人は明日までに出してください。

Ⅳ　1.（例）はい、あります。／いいえ、ありません。
　　2.（例）はい、あります。／いいえ、ありません。
　　3.（例）はい、あります。／いいえ、ありません。

Ⅴ　1. 忙しくて見られませんでした。　　2. 宿題がたくさんあって行けませんでした。

Ⅵ　1. １週間に２回ぐらいします。／１週間に２回ぐらいです。
　　2. 半年に１回ぐらいです。
　　3. １か月に２、３冊読みます。／１か月に２、３冊です。
　　4. クロールで５００メートルぐらい泳げます。／クロールで５００メートルぐらいです。

Ⅶ　1.（英語の）新聞を読むことができます。　　2. たばこを吸うことはできません。
　　3. 動物を飼うことはできません。

第18課　112ページ

Ⅰ　1. 映画のチケットが２枚あるんですが　いっしょに見に行きませんか。
　　2. 渋谷においしいレストランがあるんですが　晩ごはんを食べに行きませんか。

Ⅱ　1. b　2. b　3. a　4. b　5. a

Ⅲ　1. 渋谷にいい店がある　　2. 晴れときどきくもりだ　雨は降らない
　　3. 料理をするのが好きだ　　4. よく飲む
　　5. とてもよかった　あまり暑くなかった　降らなかった

Ⅳ　1.（例）難しいだろうと思います／難しくないだろうと思います
　　2.（例）降るだろうと思います／降らないだろうと思います
　　3.（例）多いだろうと思います／多くないだろうと思います

復習　의문사②　第８課〜第18課　119ページ

問題　1. どのぐらい　　2. 何か　3. どこか　4. どうやって／何で
　　5. どう／何を　　6. どの　7. どうして　8. どう
　　9. どちら（のほう）　10. 何　11. どれ　12. どう
　　13. どのぐらい　14. 何　どう　どちら（のほう）
　　15. どうやって　どのぐらい／何時間

復習 조사② 第11課～第18課　123ページ

問題1　1. と に　　2. で　　3. で が が　　4. が に　　5. で に　　6. に
　　　　　7. と　　　8. と と の で が

問題2　1. に　　2. で　　3. に　　4. に　　5. に　　6. で に

復習 문형　第1課～第18課

1. **い形容詞とな形容詞**　126ページ

　問題　1. きれいな　　2. 早く　　3. 遠　　4. にぎやかで　　5. 好きに
　　　　　6. 黒くて　　7. 多くて　　8. きれいに　　9. 小さく

2. **て形（動詞）**　129ページ

　問題　1. 使ってもいいですか。　　2. 貸してください。　　3. 行って
　　　　　4. 勉強しています。　　5. していません。　　6. 話してはいけません。
　　　　　7. 出してから　　8. 勤めています。　　9. あって

3. **ます形（動詞）**　132ページ

　問題　1. 聞きながら　　2. なりたい　　3. 書き方
　　　　　4. スキーをしに　　5. 歩きにくい　歩きやすい　　6. 持ちましょうか。
　　　　　7. 買いましょうか。　　8. サッカーをしませんか。

4. **辞書形（動詞）**　134ページ

　問題　1. 寝る前　　2. なると　　3. 撮ること　　4. するの　するの　見るの
　　　　　5. 飼うこと

5. **基本体過去・肯定形（動詞）**　136ページ

　問題　1. サッカーをしたり　カラオケに行ったり　　2. スキーをした　　3. 食べた

6. **基本体**　140ページ

　問題1　1. 弾いている　　2. 泳いだ　　3. 降る　　4. わからない　　5. 吸わない
　　　　　　6. ある　帰る　　7. 帰る　行く　帰らない　　8. ある　込んでいる

　問題2　1. 多い　　2. 痛かった　　3. 寒い　　4. 大変な　高い　　5. 暇な
　　　　　　6. 新鮮だ　　7. 好き　　8. 晴れた　　9. 簡単だった　　10. 安くておいしい

文化 日本語 WORKBOOK 1

초판발행	2014년 1월 15일
1판 2쇄	2019년 1월 30일
저자	文化外国語専門学校　日本語科
책임 편집	서대종, 조은형, 신명숙, 무라야마토시오
펴낸이	엄태상
제작	전태준
마케팅	이승욱, 오원택, 전한나, 왕성석
온라인 마케팅	김마선, 유근혜, 김제이
전산	김예원, 오희연
물류	유종선, 정종진, 고영두, 최진희, 윤덕현
펴낸곳	(주)시사북스
주소	서울시 종로구 자하문로 300 시사빌딩
주문 및 교재 문의	1588-1582
팩스	(02)3671-0500
홈페이지	www.sisabooks.com
이메일	book_japanese@sisadream.com
등록일자	1977년 12월 24일
등록번호	제 300-1977-31호

©Bunka Institute of Language 2013, Printed in Japan

ISBN 978-89-402-9138-2 13730
　　　978-89-402-9137-5 13730 (set)

*이 책의 내용을 사전 허가 없이 전재하거나 복제할 경우 법적인 제재를 받게 됨을 알려 드립니다.
*잘못된 책은 구입하신 서점에서 교환해 드립니다.
*정가는 표지에 표시되어 있습니다.